JN241677

The World of Paul Newman's Greatest Movie Posters

ポール・ニューマン
オリジナル映画ポスター・コレクション

ポスター・アートで見る〈反骨のヒーロー〉の肖像

井上由一 編　　DU BOOKS

はじめに

世界各国の傑作ポスター群から今、振り返る。
反骨のヒーロー、ポール・ニューマンが演じた"男の世界"──

　1925年1月26日にアメリカ、オハイオ州で誕生したポール・レナード・ニューマン。第二次大戦後に演劇の道を志し、マーロン・ブランドやジェームズ・ディーンに少し遅れた52年、ニューヨークの俳優志望者たちの登竜門といわれたアクターズ・スタジオの入門試験に合格します。このスタジオで演出指導を担当していたエリア・カザン監督に見い出されたブランドは『波止場』（1954）でアカデミー賞主演男優賞を獲得し、ディーンはジョン・スタインベック原作のシネマスコープ大作『エデンの東』（55）に抜擢され時代の龍児となりました。一方、舞台劇「ピクニック」での演技が注目され、ハリウッド大手スタジオのワーナー・ブラザースと独占出演契約を結んだニューマンは、初出演作となった史劇大作『銀の盃』（54）が興行的にも批評的にも大失敗となり、マスコミからは「ブランドの二番煎じ」という不名誉な烙印を押されます。その後、メトロ・ゴールドウィン・メイヤーなど別スタジオ作品に貸し出されることが多くなったニューマンは、映画界と距離を置き、舞台やテレビドラマに活路を見出します。55年9月30日に起こったディーンの交通事故死によるピンチ・ヒッターとしてロバート・ワイズ監督によるボクサー、ロッキー・グラジアノの伝記映画『傷だらけの栄光』（56）に主演するチャンスを掴んだニューマン。グラジアノと一緒に過ごしながら、彼の話し方から動き方までを徹底して観察。苦難の役作りの末に開花した本作の演技で、己の個性を持つ有望俳優としての評価を勝ち取ります。58年には、のちに妻となるジョアン・ウッドワードとの映画初共演作にして、自身初の演技賞となるカンヌ国際映画祭男優賞を獲得した『長く熱い夜』、西部の伝説的アウトロー、ビリー・ザ・キッドに扮した『左きゝの拳銃』、抑圧されたメソッド演技とスキャンダラスなストーリーが話題を呼んだ『熱いトタン屋根の猫』などに連続出演。俳優として演技の幅広さを、映画スターとしてネームバリューを高めていき、60年には国際的オールスター・キャストによる超大作『栄光の脱出』（オットー・プレミンジャー監督）に主演を果たし、マネーメイキング・スターの地位を確立しました。

　彼のキャリアの大きな転機となった61年の『ハスラー』ではビリヤード場での臨場感と、そこに溢れ出る高揚感、同時にクールな佇まいも相まった忘れがたい演技を披露し、英国アカデミー賞主演男優賞を受賞。世界に通用するスター、ニューマンの本格的な時代が到来します。自由に役を選べるスター俳優となった彼は盟友マーティン・リット監督とタッグを組

んだ『ハッド』（63）で、ニヒルさと虚無感を漂わせながら、男性的魅力に満ち溢れた反逆の男ハッドを演じ、彼のカリスマ性を高らかに知らしめます。一方で、スターとしてのエゴがあまりなかったニューマンは、共演俳優の引き立て役を飄々と演じることにもオープン・マインドだったようで、『パリが恋するとき』（63）でのウッドワードや『何という行き方!』（64）のシャーリー・マクレーン、『レディL』（65）ではソフィア・ローレンを相手に、自ら脇役に回り、共演者の魅力を最大限に引き立てました。そのマインドはのちにロバート・レッドフォードやスティーヴ・マックィーン、トム・クルーズらとの共演時にも遺憾なく発揮されます。また一風変わった役柄を演じることに拘りが強かったニューマンはメキシコ人の強盗に扮し、黒澤明の名作をリメイクした『暴行』（64）やアパッチ族に育てられた白人青年が理不尽な死を迎える異色西部劇『太陽の中の対決』（67）など、ハリウッド・スターが決して選択しないような企画に次々と出演します。ときには脱走計画を指揮するとぼけた二等兵に扮した『脱走大作戦』（68）や危険な政治的要素を含む風刺劇『WUSA』（69）のような奇作にも出演しました。ヒット作『動く標的』（66）の続編『ハーパー探偵シリーズ 新・動く標的』（75）のようなハリウッドが好む安全牌的作品にも出演しましたが、総じて新たなジャンルにチャレンジし続ける姿勢がニューマンをほかのハリウッド・スターとは一線を画す存在として際立たせました。

　『俺たちに明日はない』を起点としてアメリカン・ニューシネマの産声が上がった67年、映画界での実績がほとんどなかったスチュワート・ローゼンバーグ監督から持ち込まれたシナリオに惚れ込んで『暴力脱獄』に出演。刑務所や社会的システムに呑み込まれることを断固拒否する囚人"クール・ハンド"ルークを演じ、現代まで語り継がれるほどの名演技をスクリーンに焼き付けました。若い時分から演出する側にも興味を抱いていたニューマンは、自身の長編初監督作となる『レーチェル レーチェル』を翌68年に発表します。ウッドワードを主演にして女性の秘められた性の抑圧と自己解放を細やかに演出、以降『オレゴン大森林／わが緑の大地』（71）や『まだらキンセンカにあらわれるガンマ線の影響』（72）など難しい題材を選んでは、心に残る佳作を発表していきます。69年の娯楽大作『レーサー』ではカーレーサーに扮するため本格的なレッスンを受け、のちにプロレーサーとしても活動する重要なターニング・ポイントとなりました。同年、当時無名の若

手だったレッドフォードを共演者として抜擢した『明日に向って撃て!』(ジョージ・ロイ・ヒル監督)が世界的大ヒットを記録。ニューシネマという枠だけに収まらず、当時のカウンターカルチャーを体現するアイコンとして、世界的人気を不動のものにします。73年、レッドフォード&ヒル監督と再度トリオを組んだ『スティング』ではアカデミー賞作品賞を受賞。翌74年のパニック映画超大作『タワーリング・インフェルノ』では当時、世界の人気を二分していた好ライバルにして、ニューマンが立ち上げた映画製作会社ファースト・アーティスツにおける運営パートナーでもあったマックイーンと世紀の共演を果たし、世界中の話題を独占しました。

奇抜なアイデアと才能が溢れる才人、ロバート・アルトマン監督と組んだ『ビッグ・アメリカン』(76)と『クインテット』(79)での興行的失敗。私生活では78年、息子スコットがドラッグの過剰摂取でこの世を去るという悲劇に見舞われ、さらにはオールスター・キャストによるパニック映画ジャンルに終止符を打つ恰好になったトンデモ映画『世界崩壊の序曲』(80)への出演などで俳優活動のスランプに陥るニューマンでしたが、80年代前半に出演した社会派ドラマ3部作といえる『スクープ 悪意の不在』『アパッチ砦・ブロンクス』(ともに81)『評決』(82)において、様々な苦難と年齢を重ねた人間にしか出せない真実味ある演技を披露し、大復活を遂げます。そして86年には伝説のハスラー、エディに再び扮した『ハスラー2』(マーティン・スコセッシ監督)において、7度目の正直でアカデミー賞主演男優賞を受賞。一年の約半分をプロレーサーとして活動し、その残りを俳優業に充てる生活を続けながら、『ブレイズ』(89)や『ミスター&ミセス・ブリッジ』(90)、『ノーバディーズ・フール』(94)や『ロード・トゥ・パーディション』(2002)などで、出演作は減少しながらも、その健在ぶりをアピールし続けました。晩年に出演したテレビドラマ「追憶の街 エンパイア・フォールズ」(05)では、狡猾でぶっきらぼうな老人マックスに扮し、ふとした一瞬の表情だけで人生の真実味を体現するような余裕たっぷりの演技を披露。年を経てもなお現役の大スター、ニューマンの真骨頂を見せてくれました。

俳優以外の活動においても、つねに人々の気持ちを熱く鼓舞し続けたニューマン。古巣アクターズ・スタジオの経営的危機に対して、経済的援助に加え、組織代表となり運営自体にも積極的に参加したニューマン。自身が立ち上げた食品会社「ニューマンズ・オウン」で得た純利益全額を恵まれない子供たちに寄付したニューマン。重篤な疾患を抱えた子やその家族をケアする非営利組織「壁の穴ギャングの隠れ家」を設立したニューマン。子供を持つ父親としてリベラルな立場で政治的活動を継続したニューマン。44才でデビューし、現役最高齢まで第一線で活躍したプロレーサーとしてのニューマン。スーパースターとしての名声を世の中に還元すべく、彼が携わった数々の活動とその成果には改めて驚愕させられます。スクリーンでの反骨精神みなぎる演技とは打って変わり、プライベートにおいては人道的支援活動に取り組むヒューマニストであったニューマンは2008年9月26日、ガンとの闘病の末83才で永眠しました。しかし彼の唯一無二の存在は映画史に深く刻まれ、その青い瞳とはにかんだ笑顔で今でも世界中のファンを虜にしているのです。

映画公開後は破棄されることが多いため、再び陽の目を見る機会が少ない映画宣伝用ポスター。「映画の顔」ともいえるポスターから映画史を顧みる本企画では、「世界でもっとも愛された俳優」として我々の心で永遠に生き続けるニューマンをさまざまな角度から表現した傑作ポスター群を世界各国から集めました。アメリカ、日本、イギリス、フランス、イタリア、スペイン、西ドイツ、東ドイツ、ベルギー、スウェーデン、デンマーク、オーストラリア、アルゼンチン、チェコ、ポーランドの15か国から、各国アーティストによる力のこもったイラストレーション、大胆な写真コラージュでレイアウトされたポスターなどを一挙ご紹介します。それらアートワークから国ごとの社会性も感じながら、ニューマン作品がどのように宣伝されたのかを是非ご確認ください。キャリアアップとともに演技の幅を広げていったニューマンの役柄を捉えた宣伝用スチールも併せて掲載することで、ポスターと役柄イメージとを一致させながら彼が映画界で歩んだ軌跡を追いたいと思います。

なぜポール・ニューマンが、今でも世界中の映画ファンから慕われているのか? 彼の肖像を見事に捉えた映画ポスターたちから発見する「NEWMAN MEANS MAN(男の中の男、ニューマン)」の世界にようこそ。

井上由一

TABLE
OF
CONTENTS

II　はじめに

2　銀の盃　The Silver Chalice
4　拷問台（原題）　The Rack
5　傷だらけの栄光　Somebody Up There Likes Me
10　彼らが出航するまで（原題）　Until They Sail
11　追憶　The Helen Morgan Story
12　長く熱い夜　The Long, Hot Summer
16　左きゝの拳銃　The Left Handed Gun
20　熱いトタン屋根の猫　Cat on a Hot Tin Roof
24　少年たちよ、旗の下に集まれ！（原題）
Rally 'Round the Flag, Boys!
25　都会のジャングル　The Young Philadelphians
28　孤独な関係　From the Terrace
30　栄光への脱出　Exodus
38　パリの旅愁　Paris Blues
42　ハスラー　The Hustler
52　渇いた太陽　Sweet Bird of Youth
56　青年　Hemingway's Adventures of a Young Man
57　ハッド　Hud
64　パリが恋するとき　A New Kind of Love
65　逆転　The Prize
70　何という行き方！　What a Way to Go!
71　暴行　The Outrage
74　レディL　Lady L
76　動く標的　Harper
82　引き裂かれたカーテン　Torn Curtain
86　太陽の中の対決　Hombre
90　暴力脱獄　Cool Hand Luke
100　脱走大作戦　The Secret War of Harry Frigg
102　レーチェル レーチェル　Rachel, Rachel
104　レーサー　Winning
108　明日に向って撃て！
Butch Cassidy and the Sundance Kid
120　WUSA（原題）　WUSA
122　オレゴン大森林／わが緑の大地
Sometimes a Great Notion
126　ポケットマネー　Pocket Money
128　ロイ・ビーン
The Life and Times of Judge Roy Bean

134　まだらキンセンカにあらわれるガンマ線の影響
The Effect of Gamma Rays on
Man-in-the-Moon Marigolds
135　マッキントッシュの男　The Mackintosh Man
140　スティング　The Sting
148　タワーリング・インフェルノ　The Towering Inferno
154　ハーパー探偵シリーズ　新・動く標的
The Drowning Pool
158　サイレント・ムービー　Silent Movie
159　ビッグ・アメリカン
Buffalo Bill and the Indians, or
Sitting Bull's History Lesson
164　スラップ・ショット　Slap Shot
168　クインテット　Quintet
170　世界崩壊の序曲　When Time Ran Out...
172　アパッチ砦・ブロンクス　Fort Apache, The Bronx
174　スクープ 悪意の不在　Absence of Malice
176　評決　The Verdict
180　ハリー＆サン　Harry & Son
182　ハスラー 2　The Color of Money
184　ガラスの動物園　The Glass Menagerie
185　シャドー・メーカーズ　Fat Man and Little Boy
186　ブレイズ　Blaze
188　ミスター＆ミセス・ブリッジ　Mr. & Mrs. Bridge
189　未来は今　The Hudsucker Proxy
190　ノーバディーズ・フール　Nobody's Fool
192　トワイライト 葬られた過去　Twilight
193　メッセージ・イン・ア・ボトル　Message in a Bottle
194　ゲット・ア・チャンス！　Where the Money Is
195　ロード・トゥ・パーディション　Road to Perdition

196　その他関連作品　Other Productions
198　共演者たちとのサイン入りスチール
199　アーティスト紹介
202　さいごに

凡 例

作品について

日本題名　原題

制作年／制作国名／本編時間／色彩／スクリーンサイズ／アメリカ国内配給会社（日本配給会社）名の順で記載。

※アメリカ配給会社支社における日本公開の場合、（同）と明記した。

※日本劇場未公開作品に関しては原題の日本語訳の後に（原題）を表記。一部、テレビ放送やDVD発売時の題名に準じている。

ポスター紹介方法について

ポスター名称（日本語表記）/ 配給会社名（日本語表記）/ デザイナー名（AD/AW：日本語表記）

ポスター国名＋名称（ローマ字表記）/ サイズ（縦cm×横cm）/ 配給会社名（原語表記）

＋ポスター制作年 / デザイナー名（AW/AD: 原語表記）の順で記載。

※配給会社名は判明している場合のみ記載。

※再公開（リバイバル）時のポスターはR-公開年で表記している。

※ADはアート・ディレクション（デザイン統括）、AWはアートワーク（イラストレーションやレイアウト担当）の略称。

※ADやAWの記載がないものは、不明のもの。

※配給会社、デザイナー名に関して、日本語表記が不確かなものは原語表記のみに留めている。

※ロビーカード（Lobby Card）とは映画館のロビー内外で飾られた宣材のこと。

　映画の主要場面がデザインされ、観客に作品内容を視覚的に説明する役割を果たした。

　各国によって枚数やサイズは異なるが、アメリカ版の場合は8枚セットが一般的でサイズは各約26×38cm。

※宣伝用スチール（Publicity Still）とは雑誌や新聞などの紙媒体で作品紹介を依頼する際、配給会社が制作した写真宣材のこと。

　主要場面やキャストの紹介、監督の演出風景などを用意し、宣伝用途に分けて使用する。

　サイズは8×10インチ（約20×25cm）が一般的。

表記に関して

※映画題名は『　』、書名・雑誌名・新聞名・戯曲名などは「　」で統一している。

※本書に記載したスタッフ、キャスト、デザイナーなどの人名表記は敬称略とさせて頂きました。

銀の盃

1954／アメリカ／137分／カラー／スコープ／ワーナー・ブラザース（同）
＜共演＞
ヴァージニア・メイヨ、ピア・アンジェリ、ジャック・パランス
＜スタッフ＞
監督：ヴィクター・サヴィル（製作も）
脚本：レッサー・サミュエルズ
原作：トーマス・B・コスティン「The Silver Chalice」
撮影：ウィリアム・V・スコール
編集：ジョージ・ホワイト
音楽：フランツ・ワックスマン

大ロングランとなったブロードウェイの舞台「ピクニック」でのニューマンに注目した監督兼プロデューサーのヴィクター・サヴィルの熱心な薦めでワーナーとの専属映画出演契約を締結、映画俳優としてのキャリアがスタートした。イエス・キリストが最後の晩餐時、弟子たちに酒を注いだ際に使用した銀の盃の行方をめぐるベストセラー小説の映画化大作として鳴り物入りで製作され、ニューマンは若い銀細工師バジルに扮した。安直なキャラクター描写や説得力のないセリフが目立ち、ニューマン自身も「大いなる失敗作」とコメントした、彼にとってホロ苦いデビュー作。撮影現場を訪れたアクターズ・スタジオ同窓生のジェームズ・ディーンがアンジェリに恋をした現場としても知られる。

ロビーカード（アメリカ版、イギリス版）
宣伝用スチール（アメリカ版）

アメリカ版ハーフシート / ワーナー・ブラザース（以下ワーナー） USA - Half sheet / 56 × 71 / Warner Bros.（以下WB）1954
※アメリカでは公開規模や宣伝予算によって、多様なサイズの宣伝用ポスターが制作された。基本となる1シートの横1/2となるハーフシート、縦1/2のインサート、3倍の3シート、6倍の6シート、最大では24倍の24シートなど。サイズによってデザインが異なることも多かった。

イタリア版2シート / ワーナー / AW：ルイジ・マルティナティ
ITALY - 2 Fogli / 140 × 100 / WB 1955 / AW: Luigi Martinati

イタリア版2シート / ワーナー / AW：マリオ・ピオヴァーノ
ITALY - 2 Fogli / 140 × 100 / WB R-1970 / AW: Mario Piovano
※初公開時は若手だったジャック・バランスがデザインに取り込まれ、端役のナタリー・ウッドもクレジットに加えられた。

拷問台（原題）

1956／アメリカ／100分／モノクロ／スタンダード／
メトロ・ゴールドウィン・メイヤー（日本劇場未公開）
＜共演＞
ウェンデル・コーリー、ウォルター・ピジョン、エドモンド・オブライエン
＜スタッフ＞
監督：アーノルド・レイヴン　製作：アーサー・M・ロウ・ジュニア
脚本：スチュワート・スターン
　　　（ロッド・サーリングによるテレビ用脚本をアレンジ）
撮影：ポール・C・ボーゲル
編集：ハロルド・F・クレス、マーシャル・ニーラン・ジュニア
音楽：アドルフ・ドイッチ

陸軍大尉エドワード・W・ホール・ジュニア（ニューマン）は朝鮮戦争における2年間の収容所生活を終えて帰国した。収容所内でさまざまな拷問や脅迫を受けた彼は「アメリカ軍側が不当な戦争を仕掛けている」と自国捕虜たちに説いた罪に問われ、軍事裁判が行われる。裁判では彼がこれまで背負ってきた幼少期のトラウマや過酷な収容所生活が次第に明かされるのだった。名作SFドラマ「ミステリーゾーン」（1959〜64）での案内人や『猿の惑星』（68）の脚本家として知られるサーリングによるテレビ用脚本を映画用にアレンジした。

ヘラルド（アメリカ版）
※ヘラルドとはアメリカ版チラシのこと。ワーナーから貸し出されたニューマンだったが、MGM印のニュースターとして宣伝された。

スペイン版1シート / マイヤー・フィルムズ /
AW：アルヴァロ
SPAIN - 1 sheet / 100×69 /
Mahier Films 1963 / AW: Alvaro

宣伝用スチール
（アメリカ版）

傷だらけの栄光

1956／アメリカ／112分／モノクロ／スコープ／
メトロ・ゴールドウィン・メイヤー（同）
＜共演＞
ピア・アンジェリ、サル・ミネオ、スティーヴ・マックイーン
＜スタッフ＞
監督：ロバート・ワイズ
製作：チャールズ・シュニー　脚本：アーネスト・リーマン
原作：ロッキー・グラジアノ＆ローランド・バーバー
　　　「Somebody Up There Likes Me」
撮影：ジョセフ・ルッテンバーグ　編集：アルバート・アクスト
音楽：ブロニスラウ・ケイパー

ニューヨークの貧民街で育った不良少年ロッコ（ニューマン）が、ロッキー・グラジアノとしてボクシング世界ミドル級チャンピオンになるまでをモノクロ画面のドライ・タッチで描いたスポーツ伝記ドラマ。新進演技派ニューマンの名前を一躍世界に轟かせた秀作。当初ジェームズ・ディーン主演で製作進行していたが、彼の突然の死によりニューマンが後釜に収まった。アカデミー賞では撮影賞と美術賞の２部門で受賞。ロッコの不良仲間、フィデル役でマックイーンが冒頭に出演したが、クレジットは与えられなかった。

宣伝用スチール（アメリカ版）
ロビーカード（イギリス版）

日本版半裁 / MGM / AW：上田忠男
JAPAN – Hansai / 73×52 / MGM 1956 / AW: Tadao Ueda
※半裁（ハンサイ）とは日本版ポスターの一般的なサイズでB2サイズ。
　ナイフを持つ当時無名のマックイーンをデザインに取り込んだ。

アメリカ版インサート / メトロ・ゴールドウィン・メイヤー（以下MGM）
USA – Insert / 91×36 / Metro Goldwyn Mayer（以下MGM）1956

日本版半裁 / 東和　JAPAN – Hansai / 73×52 / Towa R-1963

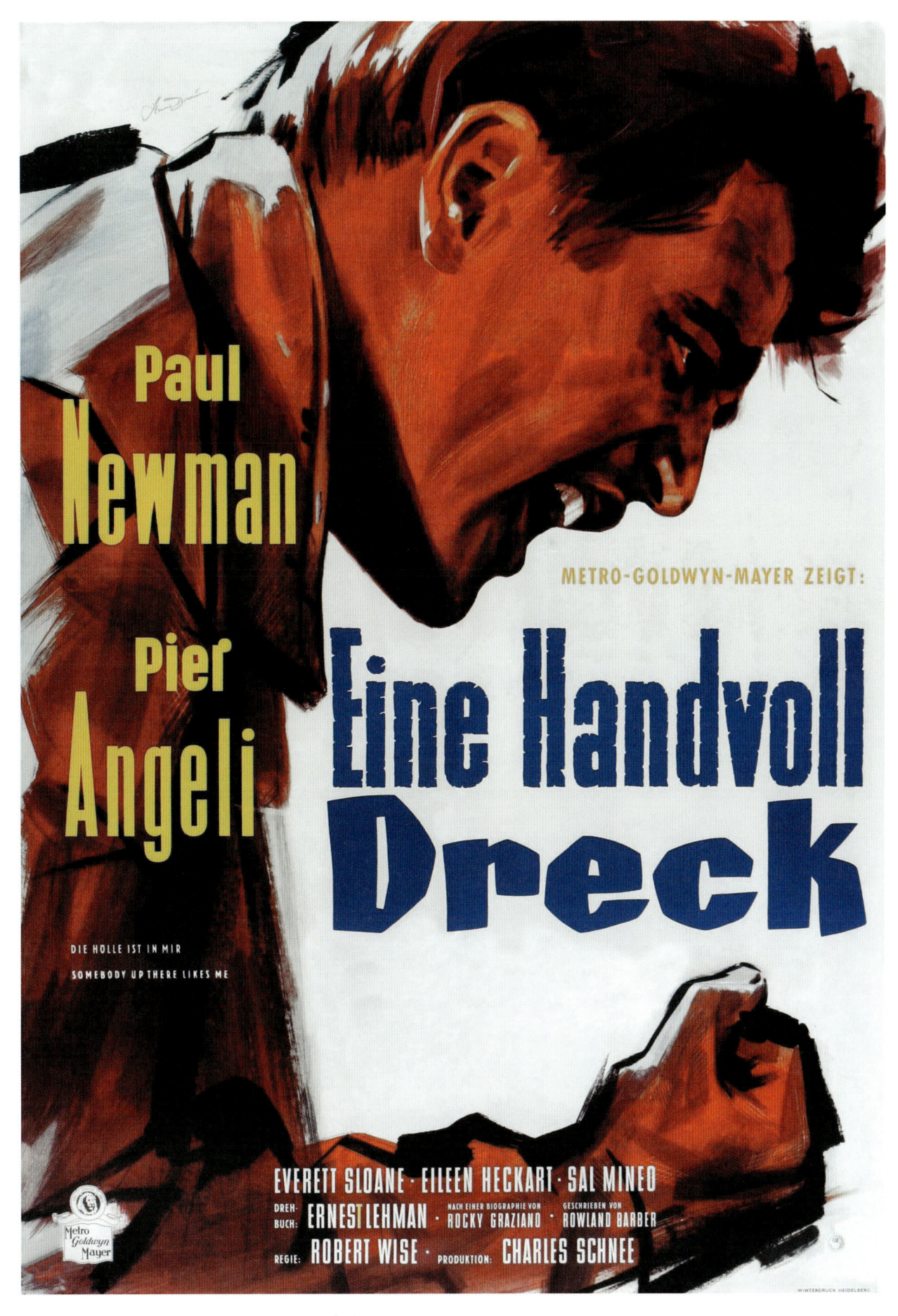

西ドイツ版1シート / スコティア・フィルム / AW：ハンス・ブラウン
WEST GERMANY - 1 sheet / 84×58 / Scotia Film R-1963 / AW: Hans Braun
※『ハスラー』（61）の好演で、世界的なニューマン・ブームが巻き起こる中、当時の代表作である本作が1963年頃に世界各国で一斉に再公開された。
　西ドイツでは怒りを拳に込めた、簡潔ながらも力強いイラストで「演技派スター、ニューマン」をより前面に出したアートワークで宣伝された。

イタリア版2シート / MGM
ITALY - 2 Fogli / 140×100 / MGM 1957
※イタリア版では珍しく、スチール（写真）素材のみでデザインされた初公開版。ポスター制作年が印刷されないことが多いイタリア、フランス、西ドイツ版などでは
初公開版と再公開版の見分け方としてアートワークの違いのほか、当時の映画会社ロゴの形状や俳優クレジットの順列、印刷会社の違いなどがある。

イタリア版2シート / AW：レナート・カザロ
ITALY - 2 Fogli / 140 × 100 / R-1960s / AW: Renato Casaro

イタリア版4シート / AW：レナート・カザロ
ITALY - 4 Fogli / 200 × 140 / R-1960s / AW: Renato Casaro

フランス版グランデ / MGM
FRANCE - Grande / 160 × 120 / MGM 1956

フランス版モワイエン / MGM
FRANCE - Moyenne / 80 × 60 / MGM 1956

彼らが出航するまで（原題）

1957／アメリカ／94分／モノクロ／スコープ／
メトロ・ゴールドウィン・メイヤー（日本劇場未公開）
＜共演＞
ジーン・シモンズ、ジョーン・フォンティーン、パイパー・ローリー
＜スタッフ＞
監督：ロバート・ワイズ　製作：チャールズ・シュニー
脚本：ロバート・アンダーソン
原案：ジェイムズ・A・ミッチェナー「Return to Paradise」
撮影：ジョセフ・ルッテンバーグ　編集：ハロルド・F・クレス
音楽：デヴィッド・ラスキン

第二次世界大戦中のニュージーランドを舞台に、米海兵隊大尉ジャック・ハーディング（ニューマン）が戦争未亡人バーバラ（シモンズ）と恋に落ちる。彼女を次女とする4人姉妹が戦争で経験する情愛と葛藤を描いたメロドラマで、戦地に続々と赴く夫や恋人と離別し、その帰りを待つことしかできない女性たちの悲哀をスター女優たちが体現した。ワイズ監督は『傷だらけの栄光』とは作風をガラリと変えて、女優たちの演技が際立つようにクラシック的演出を施した。

アメリカ1シート / MGM
USA - 1 sheet / 104×69 / MGM 1957
※1（ワン）シートとはアメリカ版ポスターの標準サイズ。
　他国でも通常使われるサイズを1シートと呼称することが多い。

ロビーカード（アメリカ版）　宣伝用スチール（アメリカ版）
※のちに『ハスラー』で共演するパイパー・ローリーとの特写が見られる。

追憶

1957／アメリカ／117分／モノクロ／スコープ／ワーナー・ブラザース（同）
＜共演＞
アン・ブライス、リチャード・カールソン、ジーン・エヴァンス
＜スタッフ＞
監督：マイケル・カーティス
製作：マーティン・ラッキン
脚本：オスカー・ソウル、ディーン・リースナーほか
撮影：テッド・D・マッコード
編集：フランク・ブラクト
音楽：レイ・ハインドーフ

シカゴを舞台に、ブロードウェイの女王と謳われた実在のトーチシンガー、ヘレン・モーガン（ブライス）とそのマネージメントを買って出たやくざ者の興行師ラリー・マダックス（ニューマン）のラヴストーリー。ショーガールからスターダムに上り詰めるモーガンだったが、自分とは対照的に刑務所に入所したマダックスを案じ、次第にアルコール依存症になってしまう。波乱に富んだ二人の半生がショービズ界の世知辛い内幕を含めて描かれた。映画ではモーガンが更生し、幸福への道を踏み出すさまを示唆するハッピーエンドだったが、実際の彼女は41才の若さで肝硬変により亡くなっている。

ロビーカード（アメリカ版、イギリス版）
宣伝用スチール（アメリカ版）

日本版プレスシート／ワーナー
JAPAN – Press sheet / 52×24 / WB 1957
※プレスシートとは、裏面が作品解説となっているマスコミ配布用資料。
　映画館ではミニポスターとして掲出された。

長く熱い夜

1958／アメリカ／115分／カラー／スコープ／20世紀フォックス（同）
＜共演＞
ジョアン・ウッドワード、オーソン・ウェルズ、アンソニー・フランシオサ
＜スタッフ＞
監督：マーティン・リット　製作：ジェリー・ウォルド
脚本：アーヴィング・ラヴェッチ、ハリエット・フランク・ジュニア
原作：ウィリアム・フォークナー「村」
撮影：ジョセフ・ラ・シエル　編集：ルイス・R・ローフラー
音楽：アレックス・ノース

ある夏の暑い日、ミシシッピ州の小さな村に現れた流れ者のベン（ニューマン）。放火犯として別の村を追放されて来た彼は大地主ウィル・ヴァーナー（ウェルズ）一家に受け入れられるが、ウィルが自分の娘クララ（ウッドワード）とベンとの結婚に執着し始めたことで、運命の歯車が狂い始める。ニューマンの青い瞳が総天然色のスクリーンで最大限に魅力を発揮し、カンヌ国際映画祭では男優賞を受賞した。のちに妻となるジョアン・ウッドワードとの映画初共演作で、アクターズ・スタジオでエリア・カザンの助手として教えていたマーティン・リット監督とは本作以降、計7作品でコンビを組むことになる。

ロビーカード（イギリス版）
宣伝用スチール（アメリカ版）

アメリカ版1シート／20世紀フォックス（以下フォックス）
USA - 1 sheet / 104×69 / 20th Century Fox（以下Fox）1958

西ドイツ版1シート／フォックス／AW：ウィル・ウィリアムズ
WEST GERMANY - 1 sheet / 84×58 / Fox 1958 / AW: Will Williams

イタリア版2シート／フォックス
ITALY - 2 Fogli / 140×100 / Fox 1958

日本版半裁／フォックス
JAPAN – Hansai / 73×52 / Fox 1958

イギリス版クワッド / フォックス / AW：トム・ウィリアム・シャントレル
UK – Quad / 76 × 102 / Fox 1958 / AW: Tom William Chantrell
※クワッドはイギリスでの一般的なポスターサイズ。正式名称はクワッド・クラウン（Quad Crown）。
　イギリスの製紙業界における基本フォーマット（15×20インチ）の4倍の大きさ（30×40インチ）であることから与えられた名称。
　イギリス版は印刷枚数が少ないことや独自アートワークが多いことも相まって、コレクター市場にて高価取引されるポスターが多数存在する。

日本版立看 / フォックス
JAPAN - Tatekan / 146×52 / Fox 1958
※立看（タテカン）とは半裁を縦に2枚繋げたサイズ。主に街中の電柱などで掲出
　されたが、70年中盤の道路交通法改正以降は掲出場所が少なくなったため、一部
　を除き制作されなくなった。縦長の構図を活かした特徴あるデザインで、海外コ
　レクターからの人気も高い。

左きゝの拳銃

1958／アメリカ／102分／モノクロ／ヴィスタ／ワーナー・ブラザース（同）
＜共演＞
リタ・ミラン、ジョン・デナー、ハード・ハットフィールド
＜スタッフ＞
監督：アーサー・ベン　製作：フレッド・コー
脚本：レスリー・スティーヴンス
　　　（ゴア・ヴィダルによるテレビ用脚本をアレンジ）
撮影：J・ペパレル・マーレー　編集：フォルマー・ブランクステッド
音楽：アレクサンダー・カーレッジ

1880年代、21才までに21人を射殺したとされる左利きの拳銃使いビリー・ザ・キッド（ニューマン）が保安官パット・ギャレット（デナー）に射殺され、永遠の伝説となるまでを描いた西部劇。ビリーの良き理解者でありながら、最後は保安官としてビリーを射殺することになるギャレットの葛藤もしっかりと描写。テーマをなぞるだけの伝記映画とは違い、ディテールにこだわったリアルな演出と、撮影時30才を越えていたニューマンが深く掘り下げたビリー像が高く評価された。プライベートでニューマンの親友となる作家ゴア・ヴィダルが書いた原作を基にしている。

宣伝用スチール（アメリカ版）
ロビーカード（イギリス版）

16

"The
LEFT-HANDED
GUN"

日本版半裁 / ワーナー　JAPAN – Hansai / 73×52 / WB 1958
※日本のメジャー・スタジオ支社で、ユナイト、パラマウント、ユニヴァーサル、フォックス、コロムビア、MGMは公開時、
　異なる宣伝コンセプトでデザインされた半裁を数種類制作することがあった。それに対しワーナーは1種類のみで宣伝展開することが多かった。

イタリア版2シート / ワーナー / AW：ルイジ・マルティナティ
ITALY - 2 Fogli / 140×100 / WB 1958 / AW: Luigi Martinati
※イタリアでは2種類の題名（『Furia Selvaggia（野蛮な怒り）』と『Billy Kid: Furia Selvaggia』）で公開されたため、
　同じアートワークながら、題名の異なる宣伝用ポスターが印刷された。

イタリア版4シート / ワーナー / AW：アンジェロ・セッセロン
ITALY - 4 Fogli / 200 × 140 / WB R-1964 / AW: Angelo Cesselon

イタリア版2シート / ゴールド・フィルム / AW：マリオ・ピオヴァーノ
ITALY - 2 Fogli / 140 × 100 / Gold Film R-1970 / AW: Mario Piovano

イタリア版4シート / ゴールド・フィルム / AW：マリオ・ピオヴァーノ
ITALY - 4 Fogli / 200 × 140 / Gold Film R-1970 / AW: Mario Piovano

アメリカ版1シート / ワーナー / AD：ビル・ゴールド
USA - 1 sheet / 104 × 69 / WB 1958 / AD: Bill Gold
※『カサブランカ』(42) 以降のワーナー作品を中心に手掛け、クリント・イース
トウッド作品のアート・ディレクションで映画ポスター界の伝説となったビル・
ゴールドが本作で初めてニューマン出演作を担当した。

熱いトタン屋根の猫

1958／アメリカ／110分／カラー／ヴィスタ／
メトロ・ゴールドウィン・メイヤー（同）
＜共演＞
エリザベス・テイラー、バール・アイブス、ジャック・カーソン
＜スタッフ＞
監督：リチャード・ブルックス（共同脚本も）
製作：ローレンス・ウェインガーテイン　脚本：ジェームズ・ポー
原作：テネシー・ウィリアムズ「熱いトタン屋根の猫」（戯曲）
撮影：ウィリアム・H・ダニエルズ　編集：フェリス・ウェブスター
音楽：チャールズ・ウォルコット

アメリカ南部の旧家、大農場主ビッグ・ダディ（アイブス）を一家の長としたポリット家。ガンに侵された彼の遺産相続を巡る家族の対立を描きつつ、美しき妻マーガレット（テイラー）からの愛に応えられない同性愛者の次男ブリック（ニューマン）の葛藤、そして彼が父に対して抱く歪んだ愛憎を描いた。55年にブロードウェイで85週間、計695回上演され数々の賞に輝いた舞台版（演出はエリア・カザン）と同様、センセーショナルな話題を巻き起こしたが、映画版で同性愛描写が隠喩のみに留められたことに対し、原作者のウィリアムズは強い不快感を表明した。ニューマンのメソッド演技は高く評価され、初のアカデミー賞候補となった。

ロビーカード（アメリカ版）
宣伝用スチール（アメリカ版）

アメリカ版ハーフシート：スタイルB / MGM　USA - Half sheet: style B / 56×71 / MGM 1958
※当時、スター順列でニューマンよりも上だったテイラー。彼女がベッドで佇む姿に焦点を当てた宣伝用ビジュアルがほとんどの国で採用された。

イタリア版8シート / MGM / AW：エルコーレ・ブリーニ　ITALY – 8 Fogli / 196×275 / MGM 1958 / AW: Ercole Brini
※水彩画タッチのイラストレーションで唯一無二の芸術を創り出し、イタリア版ポスターの巨匠となったブリーニ。
　イタリアやフランス版ポスターは作者のサインが印刷されていることが常だが、本ポスターのように本人がサインを入れないことも稀にある。

イタリア版2シート / MGM / AW：シルヴァーノ "ナノ" カンペッジ
ITALY - 2 Fogli / 140 × 100 / MGM R-1966 / AW: Silvano "Nano" Campeggi
※情熱の色「赤」を基調に、テイラーの抑圧された熱情とニューマンの屈折感を会心の筆で表現した再公開時の本イラストは
　コレクターからの人気、評価ともに初公開版より高い。

日本版半裁 / MGM / AW：上田忠男
JAPAN – Hansai / 73×52 / MGM 1958 / AW: Tadao Ueda

スペイン版1シート / MGM
SPAIN - 1 sheet / 99×69 / MGM 1959

デンマーク版1シート / MGM / AW：ジョン・ステヴェノフ
DENMARK - 1 sheet / 85×62 / MGM 1959 / AW: John Stevenov

スウェーデン版1シート / MGM / AW：アンダース・ガルバーグ
SWEDEN - 1 sheet / 100×70 / MGM 1958 / AW: Anders Gullberg

少年たちよ、旗の下に集まれ！（原題） *Rally 'Round the Flag, Boys!*

1958／アメリカ／106分／モノクロ／スコープ／
20世紀フォックス（日本劇場未公開）
＜共演＞
ジョアン・ウッドワード、ジョーン・コリンズ、ジャック・カーソン
＜スタッフ＞
監督：レオ・マッケリー（製作、共同脚本も）
脚本：クロード・バイヨン　原作：マックス・シュルマン
撮影：レオン・シャムロイ　編集：ルイス・R・ローファー
音楽：シリル・J・モックリッジ

コネティカット州の架空の街を舞台にした風刺コメディ。米陸軍から同地でミサイル工場の建築計画を担った広報マンのハリー（ニューマン）とその計画に断固反対する妻グレース（ウッドワード）の対立を中心に、最後はうっかり二人でミサイル発射ボタンを押してしまうシーンで締める。マルクス兄弟の『我輩はカモである』(33) や名作メロドラマ『めぐり逢い』(57) などでハリウッド重鎮監督の一人として君臨していたマッケリーが晩年に撮った一作。題名はアメリカ南北戦争中に作詞された「自由の喊声」の一小節 "我らは旗の下に集結する（Yes we'll rally round the flag, boys）"から採られた。日本ではWOWOWにて『ポール・ニューマンの女房万歳！』の題名で放送された。

ロビーカード（アメリカ版）
宣伝用スチール（アメリカ版）

アメリカ版 40×60 / フォックス
USA – Forty by Sixty / 152×102 / Fox 1958
※1シート約2枚分のサイズ。野外掲出用のため、丈夫な厚紙に印刷された。

都会のジャングル

The Young Philadelphians

1959／アメリカ／136分／モノクロ／ヴィスタ／ワーナー・ブラザース（同）
＜共演＞
バーバラ・ラッシュ、ブライアン・キース、アレクシス・スミス
＜スタッフ＞
監督：ヴィンセント・シャーマン
製作：ジェームズ・エドワード・ガン（脚本も）
原作：リチャード・P・パウエル「The Philadelphian」
撮影：ハリー・ストラッドリング　編集：ウィリアム・H・ジーグラー
音楽：アーネスト・ゴールド

第二次大戦直後、建築作業員として働きながらプリンストン大学で法学を学ぶアンソニー（ニューマン）は、弁護士になる夢を持つ若者。彼は社交界の華として活躍する美女ジョーン（ラッシュ）と激しい恋に落ちるが、彼女の父の策略で引き離されてしまう。名門の特級階級意識に嫌気がさしたアンソニーが法律事務所入社後に勃発した朝鮮戦争を経て、法務官からフィラデルフィア市議会議員に立候補するストーリー。愛情と友情、そして夢の挫折といった普遍的要素で描いた青春ドラマ。イギリス題名は『The City Jungle（都会のジャングル）』で邦題もこれに倣った。

ロビーカード（アメリカ版）
宣伝用スチール（アメリカ版）

アメリカ版1シート / ワーナー / AD：ビル・ゴールド
USA - 1 sheet / 104 × 69 / WB 1959 / AD: Bill Gold

日本版プレスシート / ワーナー
JAPAN – Press sheet / 52 × 24 / WB 1959

ベルギー版 / ワーナー　BELGIUM / 37 × 57 / WB 1959

イタリア版2シート / ワーナー / AW：カルラントニオ・ロンギ
ITALY - 2 Fogli / 140 × 100 / WB 1959 / AW: Carlantonio Longi

孤独な関係

From the Terrace

1960／アメリカ／144分／カラー／スコープ／20世紀フォックス（同）
＜共演＞
ジョアン・ウッドワード、マーナ・ロイ、イナ・バリン
＜スタッフ＞
監督：マーク・ロブソン（製作も）　脚本：アーネスト・リーマン
原作：ジョン・オハラ「From the Terrace」
撮影：レオ・トーヴァー　編集：ドロシー・スペンサー
音楽：エルマー・バーンスタイン

第二次大戦後のフィラデルフィア。大鉄鋼会社のオーナー、サミュエル・イートンを父に持つ海軍退役軍人のアルフレッド（ニューマン）は父への反抗心から次期社長の座を蹴り、自身で航空機製造会社を設立する。事業を見事に成功させたアルフレッドは、パーティで知り合ったメアリー（ウッドワード）と結婚する。しかし仕事と家庭とのバランスが取れないアルフレッドとメアリーとの結婚生活は破綻する。そして彼は出張先で出会ったナタリー（バリン）に真実の愛を感じ、人生と仕事すべてを投げ出し彼女の許へ駆け出すのだった。

ロビーカード（アメリカ版）　宣伝用スチール（アメリカ版）
※左上のニューマンは『長く熱い夜』（P15）のシーンから流用された。

アメリカ版インサート / フォックス
USA – Insert / 91 × 36 / Fox 1959

西ドイツ版1シート / フォックス / AW：ブルーノ・レハク
WEST GERMANY - 1 sheet / 84 × 58 / Fox 1960 / AW: Bruno Rehak

スペイン版1シート / セレクショネス・フュスター / AW：カルロス・エスコバル
SPAIN - 1 sheet / 99 × 69 / Selecciones Fuster R-1968 /
AW: Carlos Escobar

栄光への脱出

1960／アメリカ／208分／カラー／トッドA0（70ミリ）・
スーパーパナビジョン・スコープ／ユナイテッド・アーティスツ（同）
＜共演＞
エヴァ・マリー・セイント、ラルフ・リチャードソン、サム・ミネオ
＜スタッフ＞
監督：オットー・プレミンジャー（製作も）　脚本：ダルトン・トランボ
原作：レオン・ユーリス「栄光への脱出 エクソダス」
撮影：サム・リーヴィット　編集：ルイス・R・ローフラー
音楽：アーネスト・ゴールド

47年、イギリス軍に捕えられ地中海キプロス島の難民キャンプに送られた多くのユダヤ人をイスラエルへ移民させるため、元イギリス人将校でユダヤ人地下組織運動家のアリ・ベン・カナン（ニューマン）が貨物船エグゾダス号を手に入れる。イスラエル建国を扱う群像劇でニューマン初の大作主演が実現した。赤狩りでハリウッド・テンの一人だった脚本家トランボは当時偽名で仕事をしていたが、本作および、同年公開の『スパルタカス』で約13年ぶりに実名でのクレジットが叶った。これらの映画が実質的に赤狩りを終焉させたとも考えられる。

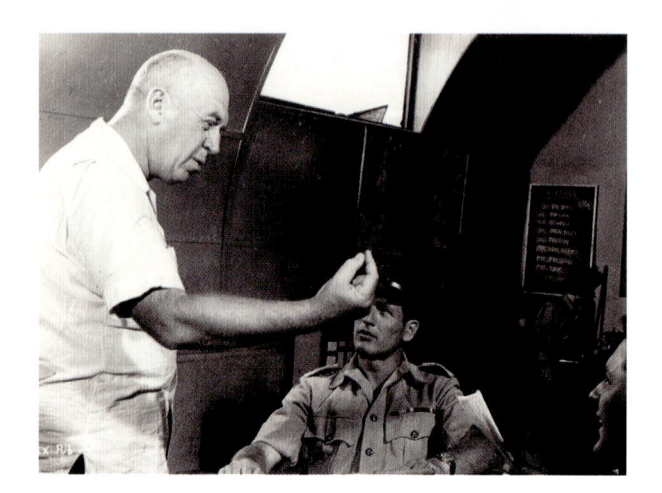

ロビーカード（西ドイツ版）宣伝用スチール（アメリカ版）

イタリア版2シート / ユナイテッド・アーティスツ（以下ユナイト）/ AW：シルヴァーノ "ナノ" カンペッジ
ITALY - 2 Fogli / 140 × 100 / United Artists（以下UA）R-1969 / AW: Silvano "Nano" Campeggi

栄光への脱出

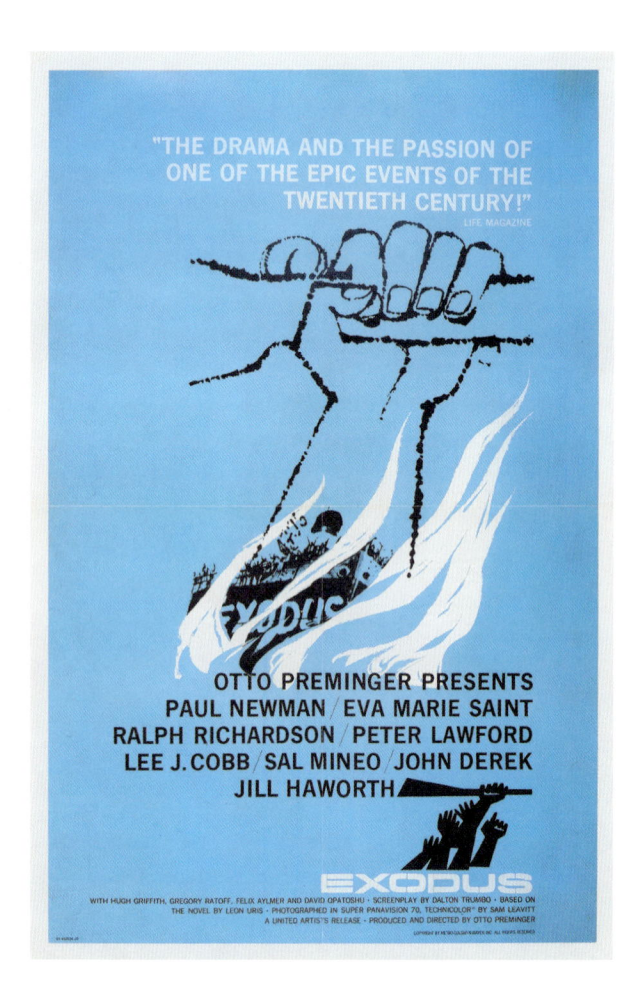

アメリカ版スペシャル / ユナイト / AW：ソール・バス
USA - Special / 60×40 / UA 1960 / AW: Saul Bass
※本編のタイトル・デザインを担当したソール・バスにより宣伝用キーアートの数々
　が制作された。バスは本作で描かれたテーマ「民衆」「自由」「意志」「革命」「怒り」
　などを「人間の手」や「炎」といった形でアイコン化することにより、優れたコ
　ンセプト・アートワークを数パターン創出した。

アメリカ版3シート / ユナイト / AW：ソール・バス
USA - 3 sheet / 206×104 / UA 1960 / AW: Saul Bass

アメリカ版1シート / ユナイト / AW：ソール・バス
USA - 1 sheet / 104×69 / UA 1960 / AW: Saul Bass

OTTO PREMINGER PRESENTS PAUL NEWMAN, EVA MARIE SAINT, RALPH RICHARDSON, PETER LAWFORD, LEE J. COBB, SAL MINEO, JOHN DEREK, HUGH GRIFFITH, GREGORY RATOFF, FELIX AYLMER, DAVID OPATOSHU, JILL HAWORTH SCREENPLAY WRITTEN BY DALTON TRUMBO FROM THE BEST SELLING NOVEL BY LEON URIS · MUSIC BY ERNEST GOLD PRODUCED AND DIRECTED BY OTTO PREMINGER IN PANAVISION 70 & TECHNICOLOR · A UNITED ARTISTS RELEASE

アメリカ版シルクスクリーン / アート・クレブス・スタジオ / AW：ソール・バス
USA – Silkscreen / 91×61 / Art Krebs Studio 1980s / AW: Saul Bass
※自分のオリジナル・コンセプトがスタジオの判断で没になることや、最終デザインに至る過程で変更されることで、創造上の大きなストレスを感じていたバスは
　80年代初頭から、ロサンゼルスの工房アート・クレブス・スタジオでオリジナル・コンセプトを忠実に再現したシルクスクリーンを個人的に制作していた。
　美術館への寄贈や、友人やクライアントなどへのプレゼント用として各100枚程度を印刷。商業的流通がなかったため幻のポスターとなっている。

日本版半裁：スタイルA / ユナイト　JAPAN – Hansai: style A / 73 × 52 / UA 1961
※トッドA0（70ミリ）上映劇場で掲出するため、右上にロゴが印刷された。

日本版半裁：スタイルB／ユナイト　JAPAN – Hansai: style B / 73 × 52 / UA 1961
※通常のシネマスコープ方式での上映告知用。

日本版立看 / ユナイト
JAPAN - Tatekan / 146 × 52 / UA 1961

日本版B全 / ユナイト
JAPAN – B Zen / 73×102 / UA 1961
※B全（B1）サイズとは半裁2枚分の大きさ。
　現在では映画ポスターの主流サイズとなっているが、
　公開当時は掲出場所が限られていたため印刷枚数は少なかった。

パリの旅愁

1961／アメリカ／98分／モノクロ／ヴィスタ／
ユナイテッド・アーティスツ（松竹セレクト）
＜共演＞
シドニー・ポワチエ、ジョアン・ウッドワード、ルイ・アームストロング
＜スタッフ＞
監督：マーティン・リット　製作：サム・ショウ
脚本：ウォルター・バーンスタイン、ジャック・シャーほか
原作：ハロルド・フレンダー「Paris Blues」
撮影：クリスチャン・マトラス　編集：ロジャー・ドワイア
音楽：デューク・エリントン

一流のジャズマンになるべくパリにやって来た若き音楽家ラム（ニューマン）は、アフリカ系アメリカ人のエディ（ポワチエ）とコンビを組み、夜な夜なジャズと恋愛に明け暮れる。当時まだ根強い人種差別があったアメリカと、黒人を受け入れているフランス（パリ）との対比が背景に取り込まれた。成功への渇望と挫折を描いた音楽映画で興行的には苦戦したが、全編に渡って流されるデューク・エリントンの書き下ろし音楽が魅力的な一作。ジョン・カサヴェテスの創作上のパートナーであり、写真家としても高名だったサム・ショウが製作を担当した。

ロビーカード（アメリカ版）
宣伝用スチール（アメリカ版）

Paris Blues

日本版半裁／松竹セレクト
JAPAN – Hansai / 73 × 52 / Shochiku Select 1962
※階段でキスする二人のスチールを抜き出して、エッフェル塔とセーヌ河を背景にレイアウトし直した日本独自のデザイン。

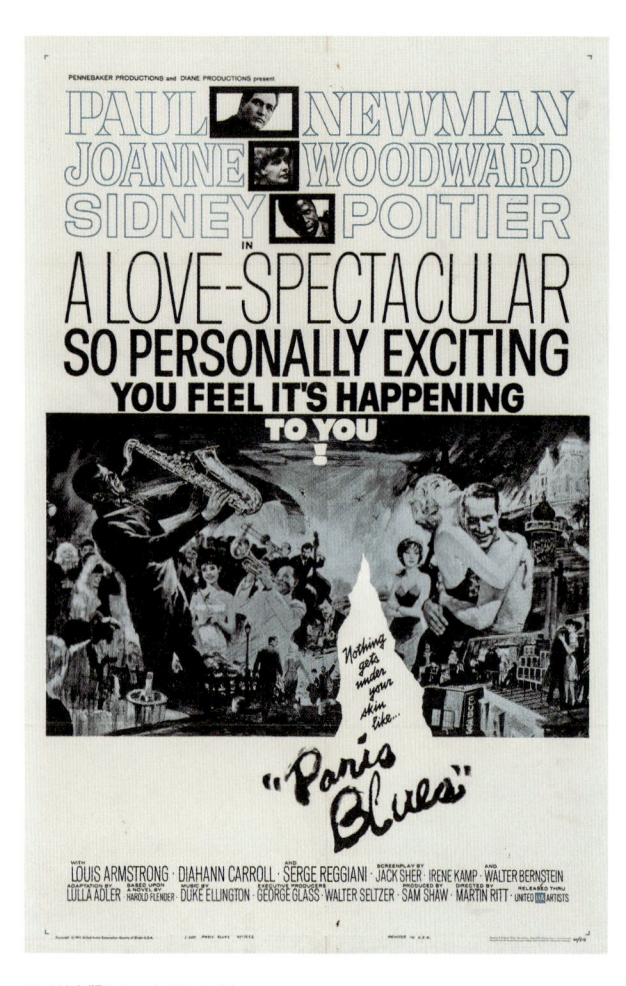

アメリカ版1シート / ユナイト
USA - 1 sheet / 104 × 69 / UA 1961

西ドイツ版1シート / ユナイト / AW：ロルフ・ゲッツェ
WEST GERMANY - 1 sheet / 84 × 58 / UA 1961 / AW: Rolf Goetze

イギリス版クワッド / ユナイト
UK – Quad / 76×102 / UA 1961
※イラストはアメリカ版（P40）を流用したが、横型レイアウトを最大限に活かし、
　色彩をカラーに変更したことでジャズクラブのむせかえるような熱気と猥雑さが
　ストレートに伝わってくるような迫力あるアートワークが完成した。

ハスラー

1961／アメリカ／134分／モノクロ／スコープ／20世紀フォックス（同）
＜共演＞
パイパー・ローリー、ジャッキー・グリーソン、ジョージ・C・スコット
＜スタッフ＞
監督：ロバート・ロッセン（製作、共同脚本も）
脚本：シドニー・キャロル
原作：ウォルター・S・テヴィス「ハスラー」
撮影：ユージン・シャフタン
編集：デデ・アレン
音楽：ケニヨン・ホプキンス

15才から各地のビリヤード場を渡り歩いている天才ハスラーの"ファースト"エディ・フェルソン（ニューマン）が伝説的名人ミネソタ・ファッツ（グリーソン）に挑戦する。挫折と絶望を経験しながら最終的に勝利を収めるが、恋人のサラ（ローリー）を失い、人生の勝負には決して勝てないさまを描いたドラマ。ビリヤード界伝説のプロ、ウィリー・モスコーニから猛特訓を受け、ほとんどのシーンでニューマンが実際にプレーした。英国アカデミー賞で男優賞を初受賞し、本作から俳優ニューマンの「真の時代」が始まった。97年には「文化的、歴史的、美学的に重要な作品」として米国議会図書館によってアメリカ国立フィルム登録簿に登録された。

ロビーカード（アメリカ版）宣伝用スチール（アメリカ版）
※ウィリー・モスコーニに指導を受けるニューマンの姿が見られる。

アメリカ版 30 × 40 / フォックス
USA – Thirty by Forty / 102 × 76 / Fox 1961

ハスラー

A
searching
look
into the
innermost
depths of
a woman's
heart...
and a
man's
desires!

アメリカ版インサート / フォックス
USA – Insert / 91 × 36 / Fox 1961

アメリカ版1シート / フォックス
USA - 1 sheet / 104 × 69 / Fox 1961

オーストラリア版1シート / フォックス
AUSTRALIA - 1 sheet / 102 × 69 / Fox 1962
※アメリカ版アートワークを踏襲しながらも、より
観客にアピールするため主演二人の顔がはっきり
映し出されたスチールに差し替えた。

アメリカ版1シート / フォックス　USA - 1 sheet / 104 × 69 / Fox R-1964
※ビリヤードボールとキューで作品内容をスタイリッシュに表現。
　再公開時のデザインながら、初公開版（P43、44）よりも評価が高い。

CINEMASCOPE
シネマスコープ

光と影の交錯！
あるギャンブラーの愛と勝負の36時間！

ハスラー

THE HUSTLER

ポール・ニューマン
パイパー・ローリー
ジャッキー・グリーソン／ジョージ・C・スコット
製作　監督　ロバート・ロッセン

20世紀フォックス映画

日本版半裁 / フォックス　JAPAN – Hansai / 73×52 / Fox 1962
※抱き合う二人のスチールをネガ反転させて、彼らの悲劇的な運命を光と闇の世界で表現した。
　当時、新進スターだったニューマンとローリーのコンビだったから許諾が取れたと思われる印象深いアートワーク。
　背景の黒地にブルーの作品ロゴを合わせる配色テクニックも素晴らしい効果を上げている。

日本版立看 / フォックス
JAPAN - Tatekan / 146×52 / Fox 1962

オーストラリア版3シート / フォックス
AUSTRALIA - 3 sheet / 204×102 / Fox 1962

イギリス版クワッド / フォックス　UK – Quad / 76 × 102 / Fox 1961

フランス版プティ / フォックス / AW：ボリス・グランソン
FRANCE - Petit / 56 × 45 / Fox 1962 / AW: Boris Grinsson

フランス版グランデ / フォックス / AW：ボリス・グランソン
FRANCE - Grande / 160 × 120 / Fox 1962 / AW: Boris Grinsson
※グランソンはサイズごとに、異なる宣伝コンセプトでアートワークを制作した。

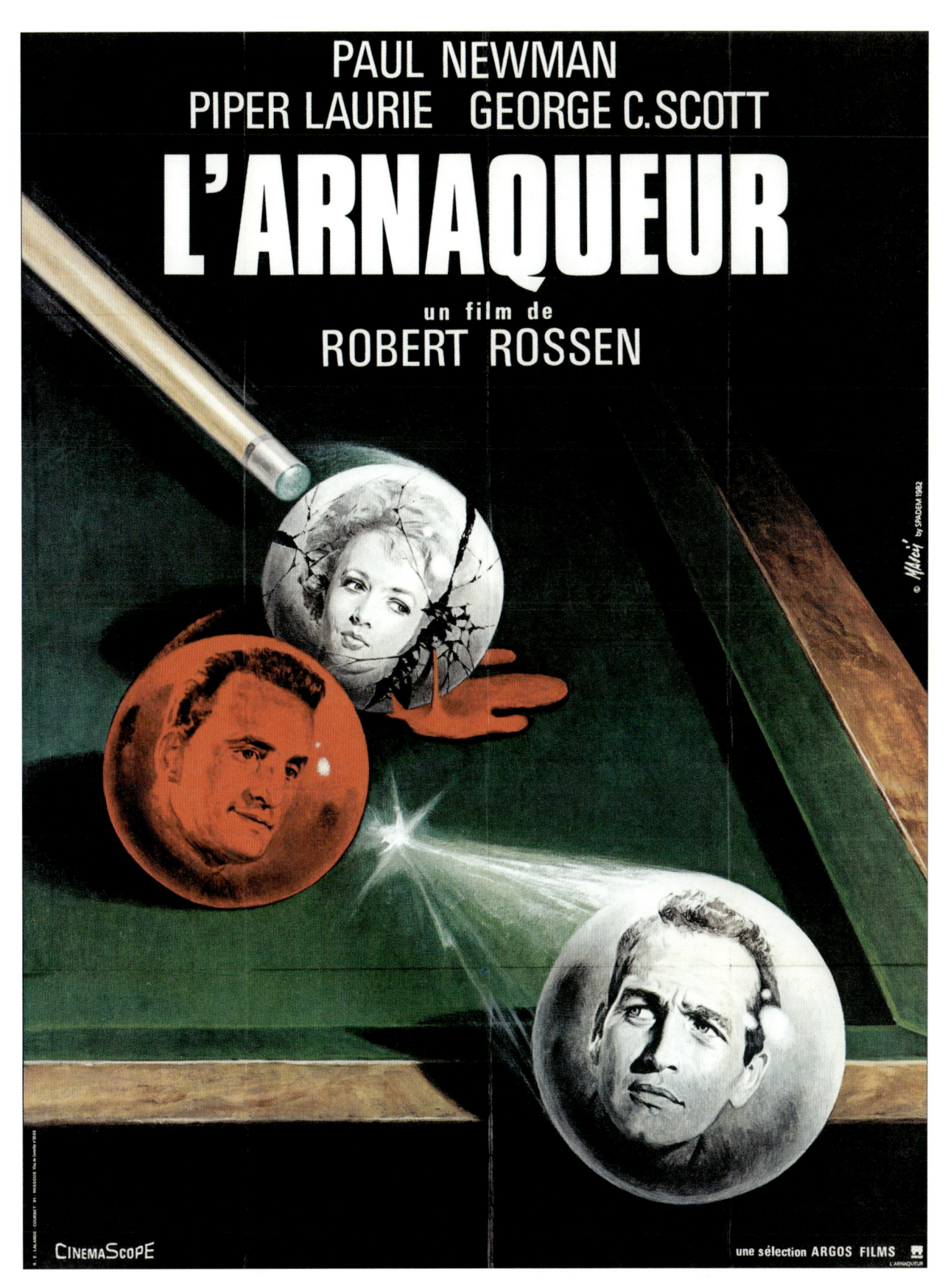

フランス版グランデ / アルゴ・フィルムズ / AW：ジャン・マッシ
FRANCE - Grande / 160×120 / Argos Films R-1982 / AW: Jean Mascii
※きめ細かい人物と背景の書き込み、配色の妙などで定評のあるフランスの名匠マッシ。
　主要な登場人物の運命をビリヤード台に凝縮させて、本作が持つ人生と勝負の非情さを巧みに表現した。

イタリア版2シート / フォックス / AW：エルコーレ・ブリーニ
ITALY - 2 Fogli / 140×100 / Fox 1961 / AW: Ercole Brini

アルゼンチン版1シート / フォックス
Argentine - 1 sheet / 110×74 / Fox 1961

スペイン版1シート / フォックス / AW：カルロス・エスコバル
SPAIN - 1 sheet / 99×69 / Fox 1963 / AW: Carlos Escobar

西ドイツ版1シート / フォックス / AW：ブルーノ・レハク
WEST GERMANY - 1 sheet / 84×58 / Fox 1961 / AW: Bruno Rehak
※50～70年代初頭まで西ドイツの映画ポスターデザイン界を牽引したレハク。
　他国版とは違い、主人公の二人を取り巻く3人の男たちが運命の糸を張り巡らせる解釈で作品世界を表現した。

渇いた太陽

1962／アメリカ／123分／カラー／スコープ／
メトロ・ゴールドウィン・メイヤー（同）
＜共演＞
ジェラルディン・ペイジ、シャーリー・ナイト、エド・ベグリー
＜スタッフ＞
監督：リチャード・ブルックス（脚本も）
製作：パンドロ・S・バーマン
原作：テネシー・ウィリアムズ「青春の…き小鳥」（戯曲）
撮影：ミルトン・クラスナー
編集：ヘンリー・バーマン
音楽：ハロルド・ジェルマン

かつてハリウッドで活躍していた女優アレクサンドラ（ペイジ）の運転手兼ジゴロとしてミシシッピ州セント・クラウドに帰郷した青年チャンス（ニューマン）。業界内での彼女の影響力を利用し、俳優としてのし上がろうとするチャンスだったが、地元政界の大物フィンリー（ベグリー）の娘にして、以前妊娠させた上に性病をうつしてしまった初恋相手ヘブンリー（ナイト）への尽きせぬ想いも同時に成就しようと、もがき苦しむ。戯曲版ではチャンスがヘブンリーの兄たちにリンチされ去勢されるが、映画版では顔を殴打される描写に留められた。アカデミー賞ではペイジ（主演女優賞）とナイト（助演女優賞）がともにノミネートされ、ベグリーが助演男優賞を受賞した。

ロビーカード（アメリカ版）
宣伝用スチール（アメリカ版）

アメリカ版1シート / MGM
USA - 1 sheet / 104 × 69 / MGM 1962

SEGUN LA OBRA DE TENNESSEE WILLIAMS
PRODUCIDA POR
PANDRO S. BERMAN
ESCRITA Y DIRIGIDA POR
RICHARD BROOKS

CINEMASCOPE
METROCOLOR

PAUL NEWMAN
GERALDINE PAGE
Dulce pajaro
DE JUVENTUD
SHIRLEY KNIGHT
ED BEGLEY · RIP TORN

スペイン版1シート / プロシネ / AW：モンタルバン
SPAIN - 1 sheet / 97 × 68 / Procines 1962 / AW: Montalbán

54

イギリス版クワッド / MGM
UK – Quad / 76 × 102 / MGM 1962

イタリア版2シート / MGM / AW：エンツォ・ニストリ
ITALY - 2 Fogli / 140 × 100 / MGM 1962 / AW: Enzo Nistri

チェコ版 / AW：ウラジミール・ビドロ
CZECH / 41 × 29 / 1968 / AW: Vladimir Bidlo

青年

1962／アメリカ／145分／カラー／スコープ／20世紀フォックス（同）
＜共演＞
リチャード・ベーマー、スーザン・ストラスバーグ、ダイアン・ベーカー
＜スタッフ＞
監督：マーティン・リット
製作：ジェリー・ウォルド
脚本：A・E・ホッチナー
原作：アーネスト・ヘミングウェイ「ニック・アダムズ物語」
撮影：リー・ガームス
編集：ヒュー・S・ファウラー
音楽：フランツ・ワックスマン

ミシガン州の田舎町で育った19才のニック（ベーマー）は立身出世するためニューヨークに向けて旅立つ。その道中、元ボクサーの浮浪者アド（ニューマン）や軍人、看護師、麻薬中毒者、伯爵夫人など多種多様な人々と出会う。第一次大戦時はイタリアで志願兵として参加し、戦争の残虐さを目のあたりにする。そして初恋に破れたニックは再度ニューヨークに向い、今度は作家を志すのだった。ヘミングウェイが自身を投影した人物、ニック・アダムズが登場する短編集から10作品を再編成して脚色された。55年にジェームズ・ディーンがニック役に決定していたが、彼の死去でニューマンに代役がオファーされた。ニューマンが拒否したため、数年間プロジェクトは中断したが、『ウエスト・サイド物語』（61）のトニー役で注目されたベーマーが主演の座に収まり、ニューマンはリット監督の希望に応える形で脇役アドを印象深く演じた。

日本版半裁／フォックス　JAPAN – Hansai / 73×52 / Fox 1962

ロビーカード（アメリカ版）
宣伝用スチール（アメリカ版）

ハッド

1963／アメリカ／112分／モノクロ／スコープ／
パラマウント・ピクチャーズ（同）
＜共演＞
メルヴィン・ダグラス、パトリシア・ニール、ブランドン・デ・ワイルド
＜スタッフ＞
監督：マーティン・リット（共同製作も）
製作：アーヴィング・ラヴェッチ（共同脚本も）
脚本：ハリエット・フランク・ジュニア
原作：ラリー・マクマートリー「Horseman, Pass By」
撮影：ジェームズ・ウォン・ハウ
編集：フランク・ブラクト
音楽：エルマー・バーンスタイン

テキサスで牧場を営むバノン一家。父ホーマー（ダグラス）と衝突する息子のハッド（ニューマン）は34才の独身者で夜な夜な酒と女に入り浸っている。ある日、飼い牛が口蹄疫になったことから家業の崩壊が始まる。家政婦アルマ（ニール）との愛の葛藤や、父の死を経て、牧場に一人残されたハッドの姿が人間の業を象徴する。すべてを破壊する不謹慎で傲慢なハッドの人物像、その強烈な存在にカリスマ性を見い出した観客がニューマンを時代のアンチヒーローとして崇め、初公開時から現代に至るまでカルト的人気を博している。ハウのモノクローム撮影による空間演出も忘れがたい。原作者マクマートリーの小説では『ラスト・ショー』（71）なども映画化された。リットとニューマンが設立したセーラム・プロダクションズが製作し、アカデミー賞ではニール（主演女優賞）、ダグラス（助演男優賞）、ハウ（白黒撮影賞）の3部門で受賞を果たし、2018年にはアメリカ国立フィルム登録簿に登録された。

宣伝用スチール（アメリカ版）

日本版半裁 / パラマウント・ピクチャーズ（以下パラマウント）
JAPAN – Hansai / 73×52 / Paramount Pictures（以下 Paramount）1963
※ふてぶてしい佇まいで正面を見据えるニューマン。その背後にはテキサスの照り付けるような巨大な太陽が広がる。
　惹句（キャッチコピー）に書かれた「逆光線の男」を視覚的に表現した。

日本版立看 / パラマウント
JAPAN - Tatekan / 146×52 / Paramount 1963

アメリカ版3シート / パラマウント
USA - 3 sheet / 206×104 / Paramount 1963

アメリカ版1シート / パラマウント
USA - 1 sheet / 104 × 69 / Paramount 1963

イタリア版4シート：スタイルA / パラマウント / AW：C・ティンペーリ
ITALY - 4 Fogli: style A / 200 × 140 / Paramount 1963 / AW: C. Timperi

アメリカ版1シート / パラマウント
USA - 1 sheet / 104 × 69 / Paramount R-1967
※同年公開されたフォックス作品『太陽の中の対決』の惹句
　「Hombre means man...Paul Newman is Hombre!」をもじり
　「Newman means action! Paul Newman is "HUD"!」で宣伝された。

イタリア版4シート：スタイルB / パラマウント / AW：エルコーレ・ブリーニ
ITALY - 4 Fogli: style B / 200 × 140 / Paramount 1963 / AW: Ercole Brini

ハッド

フランス版グランデ / パラマウント / AW：ロジェ・スービー
FRANCE - Grande / 160 × 120 / Paramount 1963 / AW: Roger Soubie

ポーランド版1シート / CWF / AW：マリア・イナトビッチ＆アンジェイ・クラジェフスキ
POLAND – 1 sheet / 85×58 / CWF 1965 / AW: Maria Ihnatowicz & Andrzej Krajewski
※粗いドットの集合体で不確かに表現されたハッドの顔。その頭上にレイアウトされた不規則なタイポグラフィが印象的な一枚。
　社会主義体制下のチェコやポーランド、ハンガリーなどは、「俳優の写真をそのままデザインできない」などデザイン上の制約があった半面、政府の承認さえ取れれば、
　デザイナーの裁量で大胆なデザインが可能だった。ときには映画の枠を超え、抽象的アート作品として高く評価されるポスターも多く作られている。

パリが恋するとき

1963／アメリカ／110分／カラー／ヴィスタ／
パラマウント・ピクチャーズ（同）
＜共演＞
ジョアン・ウッドワード、セルマ・リッター、モーリス・シュヴァリエ
＜スタッフ＞
監督：メルヴィル・シェイベルソン（製作、脚本も）
撮影：ダニエル・L・ファップ
編集：フランク・ブラクト
音楽：エロール・ガーナー、リース・スティーブンス

新聞記者のスティーブ（ニューマン）はパリ行きの飛行機内にて、ニューヨークでデザイナー兼バイヤーをしているサマンサ（ウッドワード）と出会う。行く先々でバッタリと顔を合わせる二人は次第に惹かれ合うのだが…。当時、育児に明け暮れていたウッドワードは劇中さまざまな衣装を身に着けるサマンサの役柄に惹かれ出演を希望。ニューマンも共演を承諾した。ファッション業界の内側を描いた内容で、2人のコスプレ劇として鑑賞しても楽しい。主題歌はフランク・シナトラが歌う「You Brought a New Kind of Love to Me」。

アメリカ版1シート／パラマウント
USA - 1 sheet / 104×69 / Paramount 1963

ロビーカード（アメリカ版）
宣伝用スチール（アメリカ版）

逆転

1963／アメリカ／134分／カラー／スコープ／
メトロ・ゴールドウィン・メイヤー（同）
＜共演＞
エルケ・ソマー、エドワード・G・ロビンソン、ダイアン・ベーカー
＜スタッフ＞
監督：マーク・ロブソン　製作：パンドロ・S・バーマン
脚本：アーネスト・リーマン
原作：アーヴィング・ウォーレス「小説ノーベル賞」
撮影：ウィリアム・H・ダニエルズ　編集：エイドリアン・フェイザン
音楽：ジェリー・ゴールドスミス

ノーベル文学賞を受賞するためストックホルムに赴いたアル中作家のアンドリュー・クレイグ（ニューマン）は、物理学部門で受賞したストラットマン博士（ロビンソン）の様子がおかしいことに疑問を感じ、接待役美人アテンダントのアンデルセン（ソマー）とともに真相解明に当たる。スパイ・スリラーとコメディ要素が程よくブレンドされた内容で、劇中ヌード・コンテストに参加してしまうくだりなど、とぼけた味わいのニューマンが愉しめる。

ロビーカード（アメリカ版）　宣伝用スチール（アメリカ版）

アメリカ版1シート / MGM
USA - 1 sheet / 104×69 / MGM 1963

日本版立看 / MGM
JAPAN - Tatekan / 146×52 / MGM 1963

アメリカ版1シート：国際用 / MGM
USA - 1 sheet: International / 104×69 / MGM 1963
※国際用とはアメリカ国外公開用にアメリカでデザイン・印刷されたポスターの
こと。宣伝コンセプトの違いから国内版と異なるデザインが多い。

イギリス版クワッド / MGM
UK – Quad / 76 × 102 / MGM 1963

フランス版グランデ / MGM / AW：ロジェ・スービー
FRANCE - Grande / 160 × 120 / MGM 1963 / AW: Roger Soubie

スペイン版1シート / MGM
SPAIN - 1 sheet / 98 × 68 / MGM 1963

イタリア版4シート / MGM / AW：エンツォ・ニストリ
ITALY - 4 Fogli / 200×140 / MGM 1964 / AW: Enzo Nistri
※コメディ要素の多い本作だが、その印象を嫌いハードなサスペンス面を強調したアートワークで宣伝する国が多かった。

西ドイツ版1シート / MGM / AW：ハンス・ブラウン
WEST GERMANY - 1 sheet / 84 × 58 / MGM 1964 / AW: Hans Braun

何という行き方！

1964／アメリカ／112分／カラー／スコープ／20世紀フォックス（同）
＜共演＞
シャーリー・マクレーン、ロバート・ミッチャム、ディーン・マーティン
＜スタッフ＞
監督：Ｊ・リー・トンプソン　製作：アーサー・Ｐ・ジェイコブス
脚本：アドルフ・グリーン、ベティ・コムデン
原案：グエン・デイヴィス
撮影：レオン・シャムロイ　編集：マージョリー・ファウラー
音楽：ネルソン・リドル

ビヴァリーヒルズに住む大金持ちの未亡人ルイザ（マクレーン）が2億1,100万ドルを政府に寄付しようとする。そこからフラッシュバックで彼女のこれまでの恋愛遍歴を観客は振り返ることに。商店主のエドガーとの結婚に敗れたのち、パリで貧乏前衛芸術家のラリー（ニューマン）と結婚するも、彼は自ら発明した機械に殺されてしまう。その後も大実業家や芸人との結婚をするも、それぞれ予想だにしない死に方で世を去ってしまう。何度結婚を重ねても、いつも独りぼっちになってしまうルイザは精神科医に相談するが、そこに現れた人物とは…？　ほかにジーン・ケリーやディック・ヴァン・ダイクなどが出演。オールスター俳優陣を見るだけでも楽しめる作品。

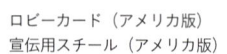

ロビーカード（アメリカ版）
宣伝用スチール（アメリカ版）

イタリア版2シート／ゴールド・フィルム／AW：マリオ・ピオヴァーノ
ITALY - 2 Fogli / 140×100 / Gold Film R-1971 / AW: Mario Piovano

暴行

1964／アメリカ／97分／モノクロ／スコープ／
メトロ・ゴールドウィン・メイヤー（同）
＜共演＞
ローレンス・ハーヴェイ、クレア・ブルーム、エドワード・G・ロビンソン
＜スタッフ＞
監督：マーティン・リット（共同製作も）
製作：A・ロナルド・ルービン　脚本：マイケル・ケニン
原作：マイケル＆フェイ・ケニン「ラショーモン」（戯曲）
※原案参考作：小説「羅生門」（芥川龍之介）＋映画『羅生門』（黒澤明・橋本忍）
撮影：ジェームズ・ウォン・ハウ　編集：フランク・サンティロ
音楽：アレックス・ノース

日本映画の名作『羅生門』（50）の舞台を19世紀末のアメリカ西部に変えて翻訳化した戯曲「ラショーモン」を映画化。悪名高きメキシコ人の強盗カラスコ（ニューマン）、カラスコに殺されたとされる南部の名士ウェイクフィールド大佐（ハーヴェイ）、その妻ニーナ（ブルーム）の3者がそれぞれ食い違う証言をする。しかし、そこには事件の全貌を目撃した第4の人間がいた…。映画史的には失敗作の烙印を押されているが、ニューマン本人は「自身出演作中でも気に入っているうちの一本」と後年振り返っており、メキシコ人に扮した彼のスペイン語アクセントはネイティブにも通用したという。

宣伝用スチール（アメリカ版）

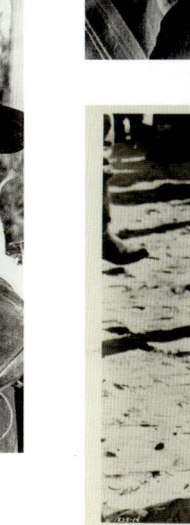

イタリア版2シート / MGM
ITALY - 2 Fogli / 140 × 100 / MGM 1964

アメリカ版1シート / MGM
USA - 1 sheet / 104 × 69 / MGM 1964

日本版半裁 / MGM
JAPAN – Hansai / 73 × 52 / MGM 1964

西ドイツ版1シート / MGM / AW：ハンス・ブラウン
WEST GERMANY - 1 sheet / 84 × 58 / MGM 1964 / AW: Hans Braun

ポーランド版1シート / CWF / AW：マレク・フロイデンライヒ
POLAND – 1 sheet / 84 × 59 / CWF 1967 / AW: Marek Freudenreich

レディL

1965／イギリス・フランス・イタリア／117分／カラー／スコープ／
メトロ・ゴールドウィン・メイヤー（同）
＜共演＞
ソフィア・ローレン、デヴィッド・ニーヴン、フィリップ・ノワレ
＜スタッフ＞
監督：ピーター・ユスティノフ（脚本も）　製作：カルロ・ポンティ
原作：ロマン・ガリー「Lady L.」　撮影：アンリ・アルカン
編集：ロジャー・ドワイア　音楽：ジャン・フランセー

19世紀末のパリ。コルシカ島での貧しい生活から憧れの地に出てきた洗濯女ルイーズ（ローレン）。金持ちを憎む銀行強盗の青年アルマン（ニューマン）と恋に落ちるが、彼がバイエルン王子を暗殺する前に、裕福なレンデール卿からプロポーズを受ける。結婚しレディL（レンデール）となったルイーズは上流社会でその名を知られていく一方でアルマンを運転手として迎え入れ、彼を愛人として次々と子供を産むのだった。イタリア随一のプロデューサー、カルロ・ポンティとその妻ソフィア・ローレンのコンビ作。

ロビーカード（アメリカ版、イギリス版）
宣伝用スチール（アメリカ版）

日本版半裁 / MGM　JAPAN – Hansai / 73 × 52 / MGM 1966

アメリカ版インサート / MGM / AW：ロバート・マッギニス
USA – Insert / 91 × 36 / MGM 1965 / AW: Robert McGinnis

イタリア版2シート / MGM
ITALY - 2 Fogli / 140 × 100 / MGM 1966

動く標的

Harper

1966／アメリカ／121分／カラー／ヴィスタ／ワーナー・ブラザース（同）
＜共演＞
ローレン・バコール、ジャネット・リー、ロバート・ワグナー
＜スタッフ＞
監督：ジャック・スマイト　脚本：ウィリアム・ゴールドマン
製作：ジェリー・ガーシュウィン、エリオット・カストナー
原作：ロス・マクドナルド「動く標的」
撮影：コンラッド・L・ホール　編集：ステファン・アーンステン
音楽：ジョニー・マンデル

ロサンゼルス在住の私立探偵ハーパー（ニューマン）は失踪した富豪の夫の行方を探してほしいというエレイン（バコール）からの依頼を受ける。次々と不審人物が捜査線上に現れる中、新興宗教団体の指導者クロードを黒幕と睨んだハーパーだったが、のちに意外な犯人像が浮上する…。49年に出版されたミステリー小説を映画化したヒット作で、のちに続編も製作された。同じワーナー作品でハンフリー・ボガートが演じた探偵物の名作『マルタの鷹』（41）でのサム・スペードや『三つ数えろ』（46）でのフィリップ・マーロウへのオマージュとして、ボガートの未亡人バコールをキャスティングした。

ロビーカード（アメリカ版）
宣伝用スチール（アメリカ版）

動く標的

コルト・ディテクティブS！冷たく光る銃身を抱いて
ハードボイルド探偵ルウ・ハーパー颯爽登場！

ポール・ニューマン

監督　ジャック・スマイト
　　　ローレン・バコール／ジャネット・リー
　　　パメラ・ティフィン／ロバート・ワグナー
原作　ロス・マクドナルド
音楽　ジョニー・マンデル
撮影　コンラッド・ホール

原作　創元推理文庫刊／主題曲　ビクターコロムビアキャピトル

総天然色
パナビジョン

拳銃と知能が交錯する本格探偵映画！
動くホシを追って秘密のナイトクラブに
陰謀の丘に無気味な
銃口が走る！

"The Moving Target"

ワーナー・ブラザース映画配給

映倫
41191

日本版半裁／ワーナー
JAPAN – Hansai / 73 × 52 / WB 1966
※日本ではイギリス同様、原作本題名を邦題とした。

アメリカ版1シート / ワーナー / AD：ビル・ゴールド
USA - 1 sheet / 104×69 / WB 1966 / AD: Bill Gold

アメリカ版インサート / ワーナー / AD：ビル・ゴールド
USA – Insert / 91×36 / WB 1966 / AD: Bill Gold

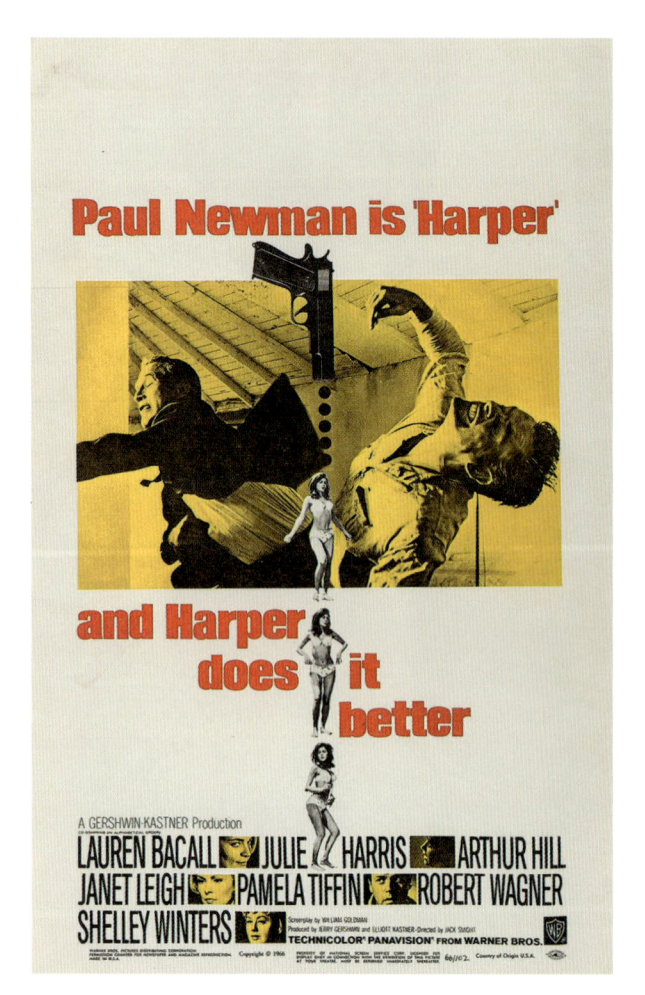

アメリカ版ウィンドウカード / ワーナー / AD：ビル・ゴールド
USA – Window Card / 56×36 / WB 1966 / AD: Bill Gold
※マッチョなニューマンを強調するためか、本作や『暴力脱獄』（P91、94）、
　『スラップ・ショット』（P165）などニューマンが殴り、殴られるスチールを
　ポスターやロビーカードに採用する作品が散見される。

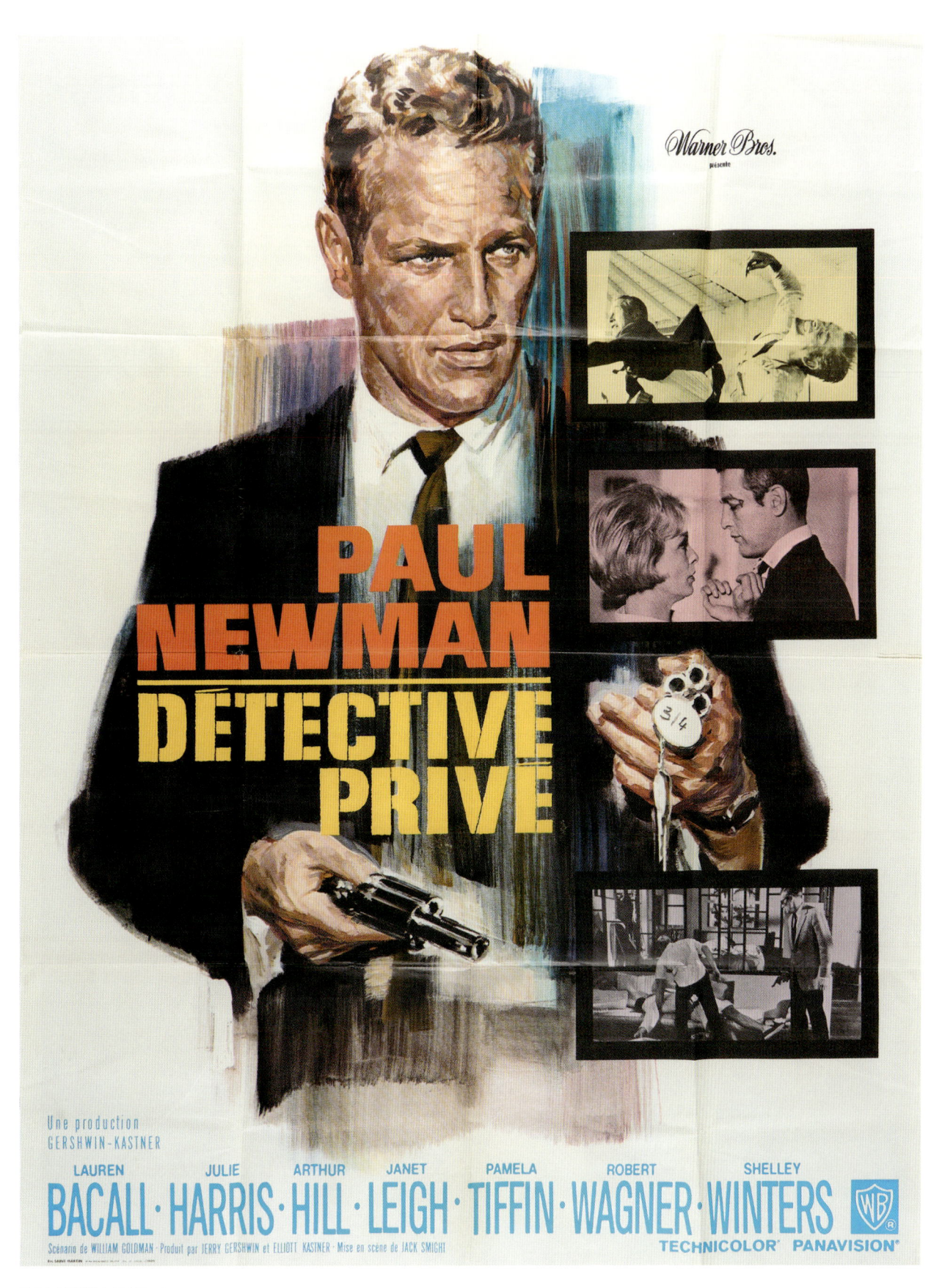

フランス版グランデ / ワーナー
FRANCE - Grande / 160 × 120 / WB 1966

イギリス版クワッド / ワーナー　UK – Quad / 76 × 102 / WB 1966
※イギリスでは原作本題名で公開。アメリカ版の惹句「ポール・ニューマンは『ハーパー』」に対して、
　「ポール・ニューマンは『動く標的』」に変更。

ベルギー版 / ワーナー / AW：レイモン "レイ" エルゼビアーズ
BELGIUM / 37 × 51 / WB 1966 / AW: Raymond "Ray" Elseviers

イタリア版2シート / ワーナー / AW：エルコーレ・ブリーニ
ITALY - 2 Fogli / 140 × 100 / WB 1966 / AW: Ercole Brini

西ドイツ版1シート / ワーナー / AW：ロルフ・ゲッツェ
WEST GERMANY - 1 sheet / 84 × 58 / WB 1966 / AW: Rolf Goetze

デンマーク版1シート / ワーナー / AW：ジョン・ステヴェノフ
DENMARK - 1 sheet / 85 × 62 / WB 1967 / AW: John Stevenov

ポーランド版1シート / CWF / AW：ヤチェク・ノイゲバウアー
POLAND – 1 sheet / 83 × 58 / CWF 1970 / AW: Jacek Neugebauer

引き裂かれたカーテン

Torn Curtain

1966／アメリカ／128分／カラー／ヴィスタ／
ユニヴァーサル・ピクチャーズ（同）
＜共演＞
ジュリー・アンドリュース、ギュンター・シュトラック、リラ・ケドロヴァ
＜スタッフ＞
監督：アルフレッド・ヒッチコック（製作も）
脚本：ブライアン・ムーア　撮影：ジョン・F・ウォーレン
編集：バッド・ホフマン　音楽：ジョン・アディソン

冷戦下の65年、アメリカ人物理学者マイケル・アームストロング（ニューマン）は国際会議に出席するため、婚約者のサラ（アンドリュース）を伴ってデンマークに旅立つ。急遽予定を変えて東ドイツに向ったマイケルを不審に思うサラ。マイケルは特殊ミサイル兵器の秘密を掴むため派遣された逆スパイだったのだ。鉄のカーテンの向こう側、東ドイツに亡命しようとする彼らを描いたスパイ政治スリラー。製作も担当したサスペンスの巨匠ヒッチコックが自身の監督50作目として確実に興行的成功を遂げるため、当代最高の人気を誇っていたスター2名を主演に迎えた。

ロビーカード（アメリカ版）
宣伝用スチール（アメリカ版、イギリス版）

日本版半裁：スタイルA / ユニヴァーサル・ピクチャーズ（以下ユニヴァーサル）
JAPAN – Hansai: style A / 73 × 52 / Universal Pictures（以下Universal）1966

日本版半裁：スタイルB / ユニヴァーサル
JAPAN – Hansai: style B / 73 × 52 / Universal 1966

日本版立看 / ユニヴァーサル
JAPAN - Tatekan / 146 × 52 / Universal 1966

イタリア版4シート：スタイルA / ユニヴァーサル / AW：モリーニ
ITALY - 4 Fogli: style A / 200 × 140 / Universal 1966 / AW: Morini

イタリア版4シート：スタイルB / ユニヴァーサル / AW：モリーニ
ITALY - 4 Fogli: style B / 200 × 140 / Universal 1966 / AW: Morini

アメリカ版インサート / ユニヴァーサル
USA – Insert / 91 × 36 / Universal 1966

フランス版グランデ / ユニヴァーサル
FRANCE - Grande / 160 × 120 / Universal 1966

太陽の中の対決

1967／アメリカ／111分／カラー／スコープ／20世紀フォックス（同）
＜共演＞
フレドリック・マーチ、リチャード・ブーン、ダイアン・シレント
＜スタッフ＞
監督：マーティン・リット（共同製作も）
製作：アーヴィング・ラヴェッチ（共同脚本も）
原作：エルモア・レナード「オンブレ」
脚本：ハリエット・フランク・ジュニア
撮影：ジェームズ・ウォン・ハウ　編集：フランク・ブラクト
音楽：デヴィッド・ローズ

1880年代のアリゾナ東部。白人でありながら原住民のアパッチ族に育てられたジョン・ラッセル（ニューマン）は「オンブレ（スペイン語で「男」)」と呼ばれ、野生馬を捕える仕事に就いているが、青い目のインディアンとして自身のアイデンティティに複雑な想いを持っている。養父の遺産相続で下宿屋を継ぐことになったジョンは先住民居住地顧問の夫妻（マーチとバーバラ・ラッシュ）、下宿屋の女将（シレント）らとともに駅馬車で旅立つが、彼らの行く手にはグリムズ（ブーン）率いる強盗団が待っていた。ハリウッド製としては珍しく、人間のエゴと愛憎、差別意識に冷徹な眼差しを向けて描いた特筆すべき異色西部劇。監督リットとニューマンの最終コンビ作となった。

ロビーカード（アメリカ版）
宣伝用スチール（アメリカ版）
※アメリカではメインビジュアルの差し替えに伴い、
　ロビーカードも2回印刷された。

Hombre means man...

Paul Newman is Hombre!

Soon...from 20th Century-Fox

アメリカ版1シート：ティザー版（新アート）/ フォックス　USA - 1 sheet: Teaser New Art / 104×69 / Fox 1966
※最初に掲出されたニューマンのティザー版ビジュアル（P88左上）が不評だったため、本ビジュアルが新たに制作された。ポスター裏面には「NEW ART」と
スタンプされ、映画館はポスターを差し替えた。惹句は「オンブレとは '真の男' の意味。そしてポール・ニューマンこそオンブレだ！」。

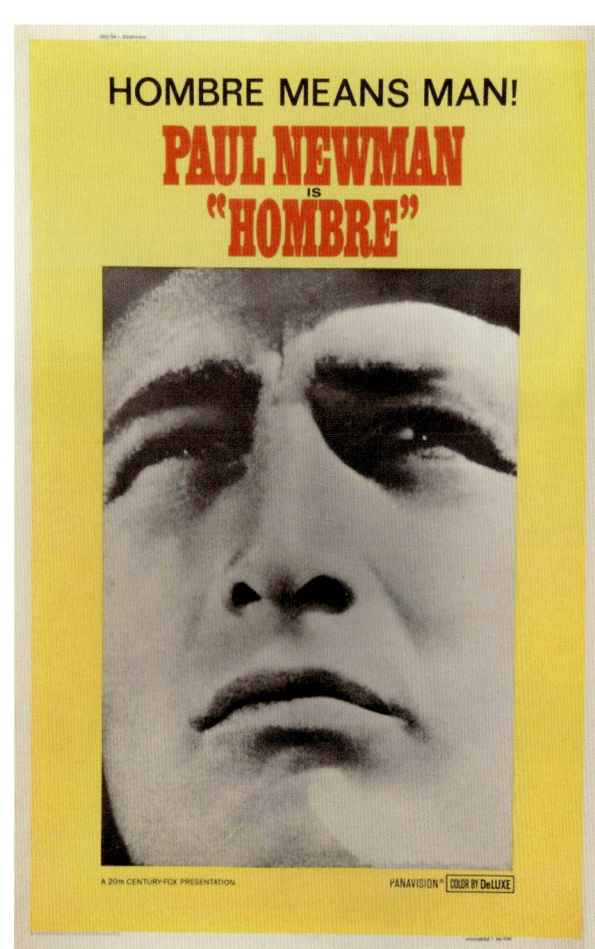

アメリカ版40×60：ティザー版 / フォックス
USA – Forty by Sixty: Teaser / 152×102 / Fox 1966
※ティザー版とは初期宣伝段階でのポスター。具体的な映画内容でなく
　作品イメージを伝えるためにミニマムな要素でデザインされた。

アメリカ版1シート / フォックス
USA - 1 sheet / 104×69 / Fox 1967

日本版立看 / フォックス
JAPAN - Tatekan / 146×52 / Fox 1967

フランス版グランデ / フォックス / AW：ボリス・グランソン
FRANCE - Grande / 160 × 120 / Fox 1967 / AW: Boris Grinsson
※グランデ、プティともグランソンがデザイン。
　サイズ別に背景色や細かなレイアウトが異なるアートワークとなった。

フランス版プティ / フォックス / AW：ボリス・グランソン
FRANCE - Petit / 56 × 45 / Fox 1967 / AW: Boris Grinsson

西ドイツ版1シート / フォックス
WEST GERMANY - 1 sheet / 84 × 58 / Fox R-1972

ポーランド版1シート / CWF / AW：マチェイ・ズビコフスキー
POLAND – 1 sheet / 83 × 57 / CWF 1969 / AW: Maciej Zbikowski

暴力脱獄

1967／アメリカ／127分／カラー／スコープ／
ワーナー・ブラザース＝セブン・アーツ（同）
＜共演＞
ジョージ・ケネディ、J・D・キャノン、デニス・ホッパー
＜スタッフ＞
監督：スチュアート・ローゼンバーグ
製作：ゴードン・キャロル
原作：ドン・ピアース「クール・ハンド・ルーク」（共同脚本も）
脚本：フランク・R・ピアーソン　撮影：コンラッド・L・ホール
編集：サム・オスティーン　音楽：ラロ・シフリン

50年代初頭のフロリダ、退役軍人のルーカス（ニューマン）は酔った勢いでパーキング・メーターを壊し、懲役2年を宣告される。刑務所内で囚人たちに課せられた生活秩序を拒否し、囚人たちのボス、ドラグライン（ケネディ）とのボクシング対決を経て、そのカリスマ性で囚人の中でも際立った存在になるルーク。彼は体制に属することを全身で拒否し続け、何度も脱獄を繰り返すのだった。俳優ニューマンの代名詞となった永遠の名作で、アメリカン・ニューシネマを代表する一作。アカデミー賞ではケネディが助演男優賞を受賞したが、ニューマン（主演男優賞）、脚色賞、作曲賞はノミネートのみに終わった。05年、アメリカ国立フィルム登録簿に登録されている。

宣伝用スチール（アメリカ版）
※原作者ドン・ピアースとの2ショットが見られる。

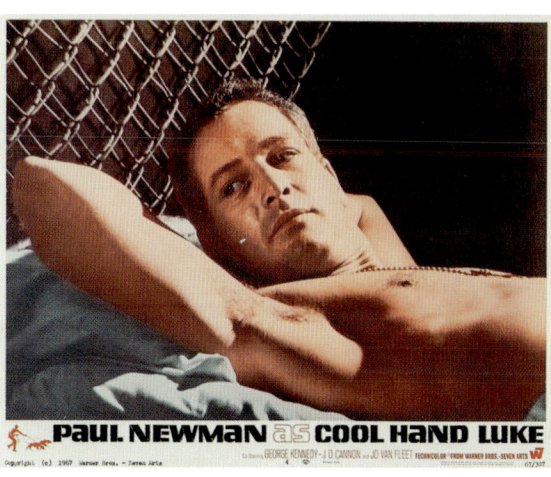
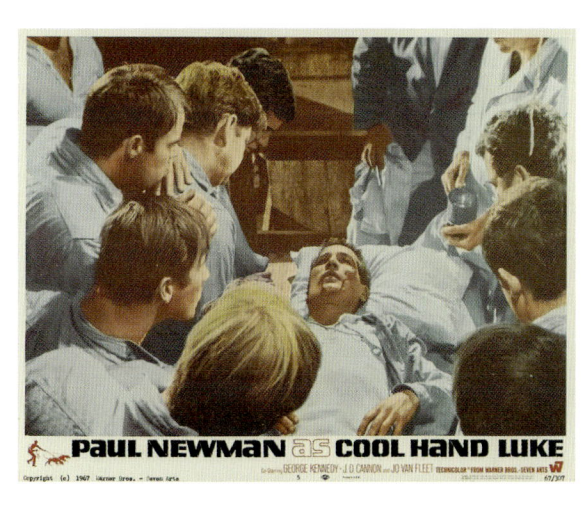

アメリカ版ロビーカード：8枚セット / ワーナー＝セブン・アーツ　USA – Lobby Card: set of 8 / 26 × 38 / WB＝Seven Arts 1967

日本版半裁 / ワーナー＝セブン・アーツ
JAPAN – Hansai / 73 × 52 / WB = Seven Arts 1968

アメリカ版6シート / ワーナー＝セブン・アーツ / AW：ジェームズ・バマ / AD：ビル・ゴールド
USA - 6 sheet / 206 × 206 / WB＝Seven Arts 1967 / AW: James Bama / AD: Bill Gold
※アメリカ西部史イラストで有名なアーティスト、バマが描いたニューマンの横顔ポートレートがアメリカ本国宣伝
　キャンペーンで全面的に展開された。この6シートでのみ、ニューマンの顔全面がデザインされている。

アメリカ版ドアパネル：4枚セット / ワーナー＝セブン・アーツ / AD：ビル・ゴールド
USA – Door Panels: set of 4 / 152×51 / WB＝Seven Arts 1967 / AD: Bill Gold
※この時期、ワーナーはドアパネルと呼ばれる4枚組の特殊大型ポスターを制作していた。本作では映画史上、もっとも有名なセリフの一つとなった
　"What we've got here is a failure to communicate（ここにいるのは言葉のわからん野郎だ）" がうち3枚にデザインされ、
　公開当時から配給会社が売り出していたセリフだったことが分かる。

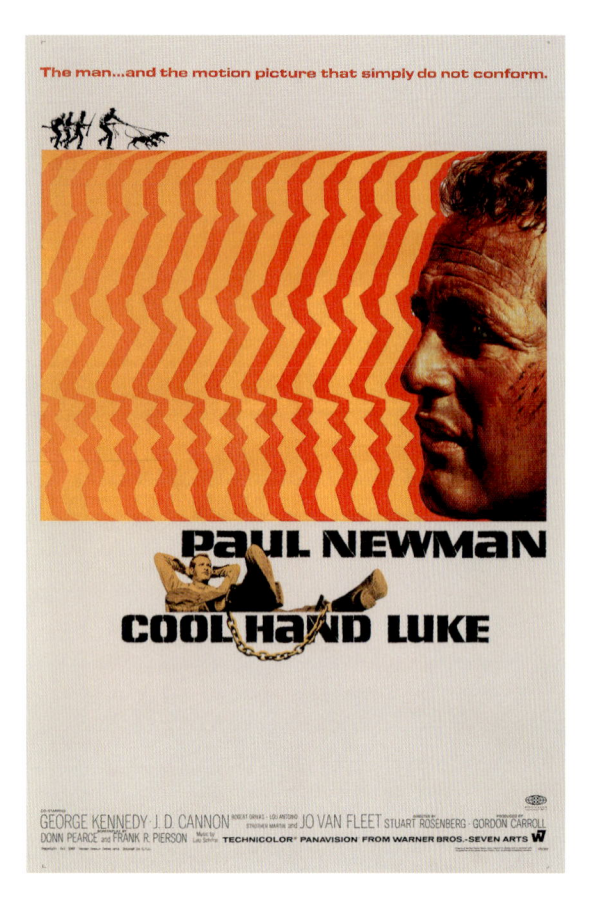

アメリカ版1シート / ワーナー＝セブン・アーツ / AW：ジェームズ・バマ /
AD：ビル・ゴールド　USA - 1 sheet / 104×69 / WB＝Seven Arts
1967 / AW: James Bama / AD: Bill Gold
※バマが描いたニューマンの武骨な顔に、ルークが辿る試練の道を表現する
　ようなジグザグ模様が合わさって、60年代後半の映画革新期を代表する
　ポスターアイコンとなった。

西ドイツ版1シート / ワーナー＝セブン・アーツ / AW：ロルフ・ゲッツェ
WEST GERMANY - 1 sheet / 84×58 / WB＝Seven Arts 1967 /
AW: Rolf Goetze
※アメリカ版と細かい違いが見られる西ドイツ版アートワーク。

イタリア版フォトブスタ：スタイルA / ワーナー＝セブン・アーツ
ITALY – Fotobusta: style A / 67×46 / WB＝Seven Arts 1967
※フォトブスタとはイタリアの映画館掲出用に制作されたロビーカードと
　ポスターを兼ねた宣材。一作品ごとに4〜10種類が制作された。

イタリア版フォトブスタ：スタイルB / ワーナー＝セブン・アーツ
ITALY – Fotobusta: style B / 67×46 / WB＝Seven Arts 1967
※冷血な看守を演じるモーガン・ウッドワードの黒いミラー・グラスを「権力」と
　「暴力」、そのグラスに写る小さなルークを「抵抗」の象徴としてデザイン。

イタリア版4シート / ワーナー＝セブン・アーツ / AW：エルコール・ブリーニ
ITALY - 4 Fogli / 200 × 140 / WB＝Seven Arts 1967 / AW: Ercole Brini

フランス版グランデ / ワーナー＝セブン・アーツ / AW：ジャン・マッシ
FRANCE - Grande / 160 × 120 / WB＝Seven Arts 1967 / AW: Jean Mascii

チェコ版1シート / AW：ミラン・グリガル
CZECH - 1 sheet / 84 × 58 / 1967 / AW: Milan Grygar

上　イギリス版ダブルクラウン / ワーナー＆パテ
UK – Double Crown / 76×51 / WB & Pathe 1967
※本作のイギリス版ポスターはシルクスクリーンで刷られた。通常のオフセット印刷と比べて、
　より少ない印刷枚数だったこともあり、コレクター市場に出る機会は極めて少ない。
　そのため左に掲載したクワッドも含めて、幻のポスターと呼ばれている。

左　イギリス版クワッド / ワーナー＆パテ
UK – Quad / 76×102 / WB & Pathe 1967

脱走大作戦

1968／アメリカ／110分／カラー／スコープ／
ユニヴァーサル・ピクチャーズ（同）
＜共演＞
シルヴァ・コシナ、アンドリュー・ダガン、トム・ボズリ
＜スタッフ＞
監督：ジャック・スマイト　製作：ハル・E・チェスター
脚本：フランク・ターロフ、ピーター・ストーン
撮影：ラッセル・メティ　編集：J・テリー・ウィリアムズ
音楽：カルロ・ルスティケッリ

第二次大戦下の44年。米、英、仏軍の准将たちが、サウナで軍事戦術を議論している最中、思いがけずイタリア軍の捕虜となりイタリアの伯爵夫人（コシナ）が所有する別荘に収容される。連合軍司令部は脱走のテクニックとガッツだけは人一倍あるハリー・フラッグ二等兵（ニューマン）に注目。捕虜脱走の任務を引き受けたフリッグは少将に昇進、自身もわざと捕虜となり、脱走を指揮することになるが…。ニューマンが『逆転』同様、コミカルな味を出している戦争風刺コメディ。伯爵夫人に扮するコシナの凛とした美しさが愉しめる一作。

ロビーカード（アメリカ版）
宣伝用スチール（アメリカ版）

アメリカ版1シート / ユニヴァーサル
USA - 1 sheet / 104 × 69 / Universal 1968

アメリカ版1シート：国際用 / ユニヴァーサル
USA - 1 sheet: International / 104 × 69 / Universal 1968

アメリカ版インサート / ユニヴァーサル
USA – Insert / 91 × 36 / Universal 1968

レーチェル レーチェル

1968／アメリカ／101分／カラー／ヴィスタ／
ワーナー・ブラザース＝セブン・アーツ（同）
＜出演＞
ジョアン・ウッドワード、ジェームズ・オルソン、エステル・パーソンズ、
＜スタッフ＞
監督：ポール・ニューマン（製作も）
原作：マーガレット・ローレンス「A Jest of God」
脚本：スチュワート・スターン　撮影：ゲイン・レシャー
編集：デデ・アレン　音楽：ジェローム・モロス

コネティカット州の小さな街で暮らす35才の独身女性教師レーチェル（ウッドワード）が性と己の独立性に目覚めるさまを描く。62年に『煙草の害について（原題）』で短編監督デビューを果たしていたニューマンが原作に惚れ込み、長編初監督を決意した。ニューヨーク映画批評家協会賞ならびにゴールデングローブ賞で主演女優賞と監督賞を受賞。アカデミー賞では作品賞、主演女優賞、助演女優賞、脚色賞の4部門でノミネートを果たした。アメリカン・ニューシネマとしての側面も持ち、女性が自己覚醒するという共通点でエリア・カザンの妻、バーバラ・ローデン監督作『WANDA／ワンダ』（70）と比較できる。

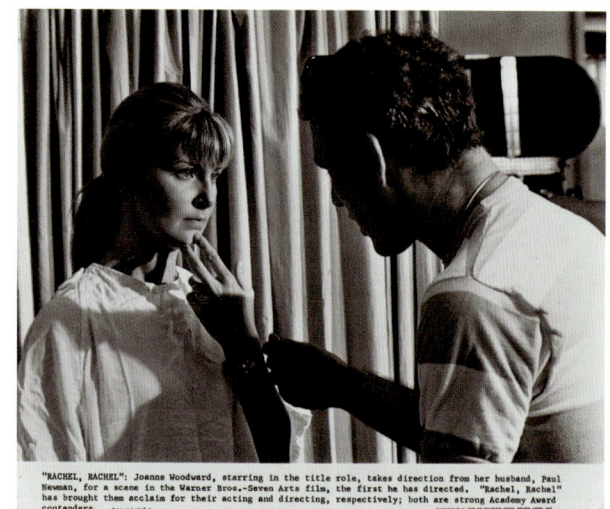

ロビーカード（アメリカ版）
宣伝用スチール（アメリカ版）
※演出しているニューマンを捉えたスチールも見られる。

アメリカ版ウィンドウカード / ワーナー＝セブン・アーツ
USA – Window Card / 56 × 36 / WB＝Seven Arts 1968

日本版半裁 / ワーナー＝セブン・アーツ
JAPAN – Hansai / 73 × 52 / WB＝Seven Arts 1969

西ドイツ版1シート / ワーナー＝セブン・アーツ / AW：ブルーノ・レハク
WEST GERMANY - 1 sheet / 84 × 58 / WB＝Seven Arts 1968 /
AW: Bruno Rehak

イタリア版2シート / ワーナー＝セブン・アーツ
ITALY - 2 Fogli / 140 × 100 / WB＝Seven Arts 1968

レーサー

1969／アメリカ／123分／カラー／パナビジョン（70ミリ）・
シネラマ・スコープ／ユニヴァーサル・ピクチャーズ（同）
＜共演＞
ジョアン・ウッドワード、ロバート・ワグナー、リチャード・トーマス
＜スタッフ＞
監督：ジェームズ・ゴールドストーン
製作：ジョン・フォアマン、ポール・ニューマン
脚本：ハワード・ロッドマン　撮影：リチャード・ムーア
編集：エドワード・A・ビアリー、リチャード・C・メイヤー
音楽：デイヴ・グルーシン

全米で活躍するプロ・ドライバー、フランク・キャプア（ニューマン）は離婚歴のあるエローラ（ウッドワード）との結婚後、スランプに陥る。しかもオート界最大のレースといわれるインディレース500の本番直前に、親友レーサーのルー（ワグナー）とエローラの浮気現場を目撃してしまうのだった…。それまでは『グラン・プリ』を始め、数えるほどしか存在しなかったカーレース映画にニューマンが挑んだ。レース場面は迫力があるが、それ以上にソープオペラ的要素が多く、作品評価は分かれる。プロ・ドライバーのボブ・シャープとレイク・アンダーウッドからレースの手ほどきを受けたニューマンは、本作出演以降モータースポーツにのめり込み、プロのレーシング・ドライバーとなる。彼のドライバー人生の起点として重要な作品。

宣伝用スチール（アメリカ版）

アメリカ版1シート / ユニヴァーサル / AW：ハワード・ターブニング
USA - 1 sheet / 104 × 69 / Universal 1969 / AW: Howard Terping

アメリカ版1シート / ユニヴァーサル
USA - 1 sheet / 104 × 69 / Universal R-1973

イギリス版クワッド / ユニヴァーサル　UK – Quad / 76 × 102 / Universal 1969

フランス版モワイエン / ユニヴァーサル / AW：ブッセンコ
FRANCE - Moyenne / 80 × 58 / Universal 1969 / AW: Bussenko

イタリア版4シート / ユニヴァーサル / AW：ティノ・アヴェッリ
ITALY - 4 Fogli / 200 × 140 / Universal 1969 / AW: Tino Avelli

スペイン版1シート / ユニヴァーサル
SPAIN - 1 sheet / 100 × 70 / Universal 1969

西ドイツ版1シート / ユニヴァーサル / AW：クラウス・ディル
WEST GERMANY - 1 sheet / 84 × 58 / Universal 1969 / AW: Klaus Dill

明日に向って撃て！

1969／アメリカ／110分／カラー／スコープ／
20世紀フォックス（同）
＜共演＞
ロバート・レッドフォード、キャサリン・ロス、
ヘンリー・ジョーンズ
＜スタッフ＞
監督：ジョージ・ロイ・ヒル　製作：ジョン・フォアマン
脚本：ウィリアム・ゴールドマン
撮影：コンラッド・L・ホール
編集：ジョン・C・ハワード、リチャード・C・メイヤー
音楽：バート・バカラック

「ブッチ・キャシディ」の異名で知られる西部開拓時代の無法者ロバート・ルロイ・パーカー（ニューマン）と、その相棒「サンダンス・キッド」ハリー・ロンガボー（レッドフォード）の物語。二人はほかの無法者たちと壁の穴ギャング団を結成し、銀行から列車に至るまで数々の強盗を働くが、追っ手から逃れるためサンダンスの恋人、教師エッタ（ロス）を伴ってボリビアに逃れる。『俺たちに明日はない』『卒業』（ともに67）『イージー・ライダー』『真夜中のカーボーイ』（ともに69）などと並びアメリカ・ニューシネマを代表する作品といわれ、当時600万ドルの製作費に対し、アメリカだけで1億ドル以上の興行収入を記録。ニューマンはマネーメイキング・スター1位に選出され、世界的トップスターとしての地位を不動のものにした。03年、アメリカ国立フィルム登録簿に登録された。

宣伝用スチール（アメリカ版）

アメリカ版ロビーカード：8枚セット / フォックス　USA – Lobby Card: set of 8 / 26 × 38 / Fox 1969

明日に向って撃て!

アメリカ版ワールド・プレミア用 / イェール大学映画協会
USA –World Premiere / 43 × 28 / The Yale Film Associates
※ともにイェール大学卒業生であるニューマンとヒルが母校の映画協会のために69
　年9月23日、同大学内のロジャー・シェルマン劇場にてワールド・プレミア上映
　会を実施。当日は二人が登壇し、メイキング・フィルムも特別上映された。

アメリカ版インサート / フォックス
USA – Insert / 91 × 36 / Fox 1969

イギリス版劇場タイアップ / オデオン劇場
UK – Theater Tie-in / 40 × 30 / Odeon Theater 1969
※イギリスの老舗映画館、オデオン劇場とのタイアップ版。「WANTED（お尋ね者）」
　として公開期間中に本ポスターを軒先に張り出すと、抽選懸賞で賞品が貰えるキャ
　ンペーンが実施された。

SIDY AND THE SUNDANCE KID 'A'

STROTHER MARTIN, JEFF COREY, HENRY JONES.

ced by JOHN FOREMAN   Directed by GEORGE ROY HILL   Written by WILLIAM GOLDMAN

HARACH   A NEWMAN-FOREMAN   Presentation   PANAVISION® COLOUR BY DE LUXE

イギリス版クワッド / フォックス / AW: トム・ヴォーヴェ
UK – Quad / 76 × 102 / Fox 1969 / AW: Tom Beauvais

日本版キングサイズ / フォックス / AW：谷名洋三　JAPAN – King size / 155 × 95 / Fox 1969 / AW: Yozo Tanina
※キングサイズとは半裁約4枚分の大型サイズで掲出場所は上映劇場の看板などに限られた。野外掲出を想定したため厚手紙に印刷されたが、
　公開期間が終了する頃には損傷が激しく、そのまま破棄されることが多かったため、現存数は極めて少ない。

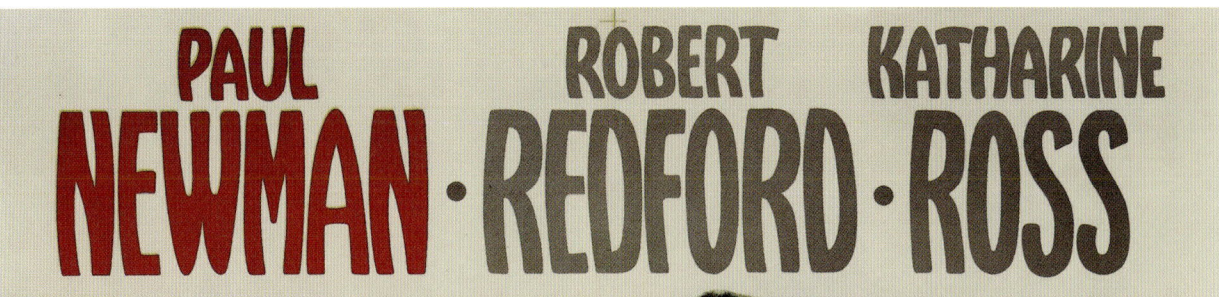

イタリア版 2 シート / フォックス
ITALY - 2 Fogli / 140×100 / Fox 1969
※イタリアでは 69 年の初公開以降、70 年代に 2 回の再上映が行われ、
　都度新たなアートワークが制作された（P116、117）。

イタリア版4シート / フォックス
ITALY - 4 Fogli / 200 × 140 / Fox 1969

イタリア版ダブル・フォトブスタ / フォックス
ITALY – Double Fotobusta / 94 × 66 / Fox 1969

イタリア版2シート / フォックス
ITALY - 2 Fogli / 140 × 100 / Fox R-1970s

イタリア版4シート / フォックス / AW：ピエロ・エルマンノ・イアイア
ITALY - 4 Fogli / 200 × 140 / Fox R-1970s / AW: Piero Ermanno Iaia

イタリア版2シート / フォックス / AW：ピエロ・エルマンノ・イアイア
ITALY - 2 Fogli / 140 × 100 / Fox R-1970s / AW: Piero Ermanno Iaia

スペイン版1シート / フォックス / AW：マカリオ・ゴメス・キブス（マック）
SPAIN - 1 sheet / 100 × 70 / Fox R-1977 /
AW: Macario Gomez Quibus（Mac）

西ドイツ版1シート / フォックス / AW：クラウス・ディル
WEST GERMANY - 1 sheet / 84 × 58 / Fox 1969 / AW: Klaus Dill

チェコ版1シート / AW：スタンナー
CZECH - 1 sheet / 87 × 62 / 1970 / AW: Stanner

ポーランド版1シート：スタイルA / ZRF / AW：アンジェイ・パゴフスキー
POLAND – 1 sheet: style A / 96 × 67 / ZRF 1983 / AW: Andrzej Pagowski

ポーランド版1シート：スタイルB / ZRF / AW：アンジェイ・パゴフスキー
POLAND – 1 sheet: style B / 67 × 97 / ZRF 1983 / AW: Andrzej Pagowski

ポーランド版1シート：スタイルC / ZRF / AW：ワルデマル・スヴィエルジー
POLAND – 1 sheet: style C / 67 × 97 / ZRF 1983 / AW: Waldemar Swierzy
※他国より遅れ83年初公開となったポーランド。コンセプトがまったく異なる3種類のアートワークで宣伝された。

WUSA（原題）

1970／アメリカ／115分／カラー／スコープ／
パラマウント・ピクチャーズ（日本劇場未公開）
＜共演＞
ジョアン・ウッドワード、アンソニー・パーキンス、
ローレンス・ハーヴェイ
＜スタッフ＞
監督：スチュワート・ローゼンバーグ
製作：ジョン・フォアマン、ポール・ニューマン
原作：ロバート・ストーン「A Hall of Mirrors」（脚本も）
撮影：リチャード・ムーア　編集：ボブ・ワイマン
音楽：ラロ・シフリン

ひねくれ者だが要領の良さは一人前の流れ者ラインハルト（ニューマン）は、ニューオーリンズの保守系トークラジオ局WUSA（ダブリュー・U.S.A.）のアナウンサーになる。バーで出会った売春婦ジェラルディン（ウッドワード）や、WUSAの隠された目的に気づいた理想主義者レイニー（パーキンス）との交流によって、ラインハルトは自身が持つ冷淡さに疑問を抱いていく。放送局のオーナー、ビンガモンが白人至上主義者によるヘイト集会を主催したことから、黒人過激派からの抗議や暴動が巻き起こり、悲劇的なラストに繋がる。当時、リベラルな政治活動に没頭していたニューマンは本作では製作も兼任。製作当時は「これまでの私が関わった作品中、最も重要かつ最高の映画」とコメントした。政治的なテーマに面食らった観客からはそっぽを向かれ、壊滅的な興行成績となり、日本ではビデオ化もされていない幻の作品となっている。主題歌はニール・ダイヤモンドの「Glory Road」。

ロビーカード（アメリカ版）
宣伝用スチール（アメリカ版）

アメリカ版1シート / パラマウント
USA - 1 sheet / 104 × 69 / Paramount 1971

スペイン版1シート / パラマウント / AW：マカリオ・ゴメス・キブス（マック）
SPAIN - 1 sheet / 100 × 70 / Paramount 1971 /
AW: Macario Gomez Quibus（Mac）

イギリス版クワッド / パラマウント　UK – Quad / 76 × 102 / Paramount 1971
※イギリスのように、ニューマンとウッドワード共演の恋愛映画として宣伝した国が多く見られる。

オレゴン大森林／わが緑の大地

1971／アメリカ／114分／カラー／スコープ／
ユニヴァーサル・ピクチャーズ（CIC）
＜共演＞
ヘンリー・フォンダ、リー・レミック、マイケル・サラザン
＜スタッフ＞
監督：ポール・ニューマン（共同製作も）
製作：ジョン・フォアマン
原作：ケン・ケーシー「Sometimes a Great Notion」
脚本：ジョン・ゲイ　撮影：リチャード・ムーア
編集：ボブ・ワイマン　音楽：ヘンリー・マンシーニ

オレゴン州で森林伐採家業を営む、独立系業者のヘンリー・スタンパー（フォンダ）とその息子ハンク（ニューマン）。地元の伐採組合が大手木材コングロマリットに対してストライキを招集したが、スタンパー家は木材納期に間に合わせるため作業を断行。組合とのトラブルで苦境に立ち、次第に家族の繋がりに亀裂が入るのだった。撮影開始2週間後、監督だったリチャード・A・コーラを撮影方針の相違が原因で解雇、製作兼主演のニューマンが急遽監督を引き継いだ。代替案がない状況での苦肉の策だったが、ニューマン本人は「主演と監督の両立はあまりに大変すぎて、こんなことは二度とゴメンだ」とコメントした。イギリスでは、劇中スタンパー家の暖炉の木に刻まれた家訓「Never Give a Inch（1インチたりとも譲るな）」が題名となり、アメリカでも再公開時やテレビ放送時、題名変更された。

宣伝用スチール（アメリカ版）

アメリカ版インサート / ユニヴァーサル
USA – Insert / 91 × 36 / Universal 1971

日本版立看 / シネマ・インターナショナル・コーポレーション（以下CIC）
JAPAN - Tatekan / 146 × 52 /
Cinema International Corporation（以下CIC）1972
※CICとはパラマウントとユニヴァーサルがアメリカ国外に自作を配給するため70
　年代初頭に設立した配給会社名。73年からはMGM作品の海外配給も手掛けた。

スペイン版1シート / パラマウント / AW：マカリオ・ゴメス・キブス（マック）
SPAIN - 1 sheet / 98 × 69 / Paramount 1972 / AW: Macario Gomez Quibus（Mac）
※拳を握るニューマンの力強いイラストから、スペインでは大自然の中で繰り広げられる
　アクション・アドベンチャーとして宣伝されたことが窺える。

イギリス版クワッド / ユニヴァーサル　UK – Quad / 76 × 102 / Universal 1972

フランス版グランデ / CIC / AW：ヴァイシエ
FRANCE - Grande / 160 × 120 / CIC 1972 / AW: Vaissier

イタリア版2シート / CIC / AW：マリオ・デ・ベラルディニス
ITALY - 2 Fogli / 140 × 100 / CIC 1972 / AW: Mario De Berardinis

ポケットマネー

1972／アメリカ／102分／カラー／ヴィスタ／
ナショナル・ジェネラル・ピクチャーズ（日本劇場未公開）
＜共演＞
リー・マーヴィン、ストローザー・マーティン、ウェイン・ロジャーズ
＜スタッフ＞
監督：スチュアート・ローゼンバーグ　製作：ジョン・フォアマン
原作：J.P.S.ブラウン「Jim Kane」
脚本：テレンス（テリー）・マリック
撮影：ラズロ・コヴァックス　編集：ボブ・ワイマン
音楽：アレックス・ノース

アリゾナ州に住む一文無しの負け犬カウボーイ、ジム・ケーン（ニューマン）は人当たりの良さが取り柄で、何でも屋的な仕事を引き受けることが多い。もう一人の負け犬、レナード（マーヴィン）と手を組み、悪徳牧場主ビルのためにメキシコで牛を買い付ける仕事を引き受けるが、次々とトラブルに巻き込まれる。69年にニューマン、シドニー・ポワチエ、バーブラ・ストライサンドらで設立し、のちにマックイーンとダスティン・ホフマンも加わったファースト・アーティスツ・プロダクションにおけるニューマン最初の主演作。スチール・カメラマンとして女優のキャンディス・バーゲンがクレジットされている。題名と同じ主題歌はキャロル・キングによって唄われた。日本でのテレビ放送時タイトルは『おとぼけカウボーイ』。

ロビーカード
（アメリカ版）
宣伝用スチール
（アメリカ版）

イタリア版2シート / メデューサ・ディストリブッジョーネ /
AW：アベラルド・シリエッロ
ITALY - 2 Fogli / 140 × 100 / Medusa Distribuzione 1972 /
AW: Averardo Ciriello

アメリカ版インサート / ナショナル・ジェネラル・ピクチャーズ（以下NGP）
USA – Insert / 91 × 36 / National General Pictures（以下NGP）1972
※撮影中、終始不機嫌だった共演者リー・マーヴィンとはついに
　打ち解けることはなかった、とニューマンは後日述べている。

スペイン版1シート / ムンディアル・フィルム /
AW：マカリオ・ゴメス・キブス（マック）
SPAIN - 1 sheet / 99 × 68 / Mundial Film 1972 /
AW: Macario Gomez Quibus（Mac）

ロイ・ビーン

1972／アメリカ／120分／カラー／ヴィスタ／
ナショナル・ジェネラル・ピクチャーズ（東和）
＜共演＞
ジャクリーン・ビセット、アンソニー・パーキンス、エヴァ・ガードナー
＜スタッフ＞
監督：ジョン・ヒューストン（出演も）　製作：ジョン・フォアマン
脚本：ジョン・ミリアス　撮影：リチャード・ムーア
編集：ヒュー・S・ファウラー　音楽：モーリス・ジャール

19世紀末、法律も正義もなく、ただ暴力と無秩序が支配していたテキサス州バルベルデ郡に逃げ込んできた無法者ロイ・ビーンが、勝手に判事を名乗り、彼なりの正義感とフロンティア精神とで荒くれ者を次々と絞首刑にした実話に基づく西部劇。貫禄が備わったニューマンの演技とヒューストンの遊び心ある演出がマッチして、評論家から高い評価を獲得。製作費約400万ドルに対し、アメリカで興行収入1,600万ドルを超え、前作『ポケットマネー』が興行的惨敗だったファースト・アーティスツにとって嬉しいヒット作となった。

宣伝用スチール（アメリカ版）

上　日本版半裁：スタイルA／東和
JAPAN – Hansai: style A /
73 × 52 / Towa 1973

左　日本版半裁：スタイルB／東和
JAPAN – Hansai: style B /
73 × 52 / Towa 1973

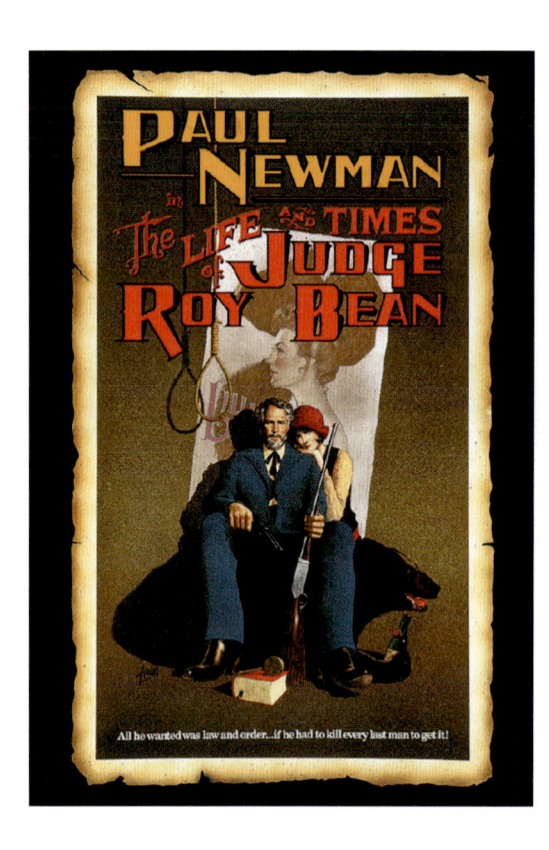

左　アメリカ版アートワーク：試作版 / NGP /
AW：リチャード・アムセル
USA – Unused Artwork / NGP 1972 /
AW: Richard Amsel
From Bill Gold: PosterWorks（Reel Art Press）
※当初はビセットとの2ショットで作られたアートワークが
　ニューマン一人に変更され、色味調整を行ったのちに
　最終版（P131）として印刷された工程が分かる。

下　アメリカ版アートワーク：原画 / NGP /
AW：リチャード・アムセル
USA – Artwork / NGP 1972 / AW: Richard Amsel
From Bill Gold: PosterWorks（Reel Art Press）

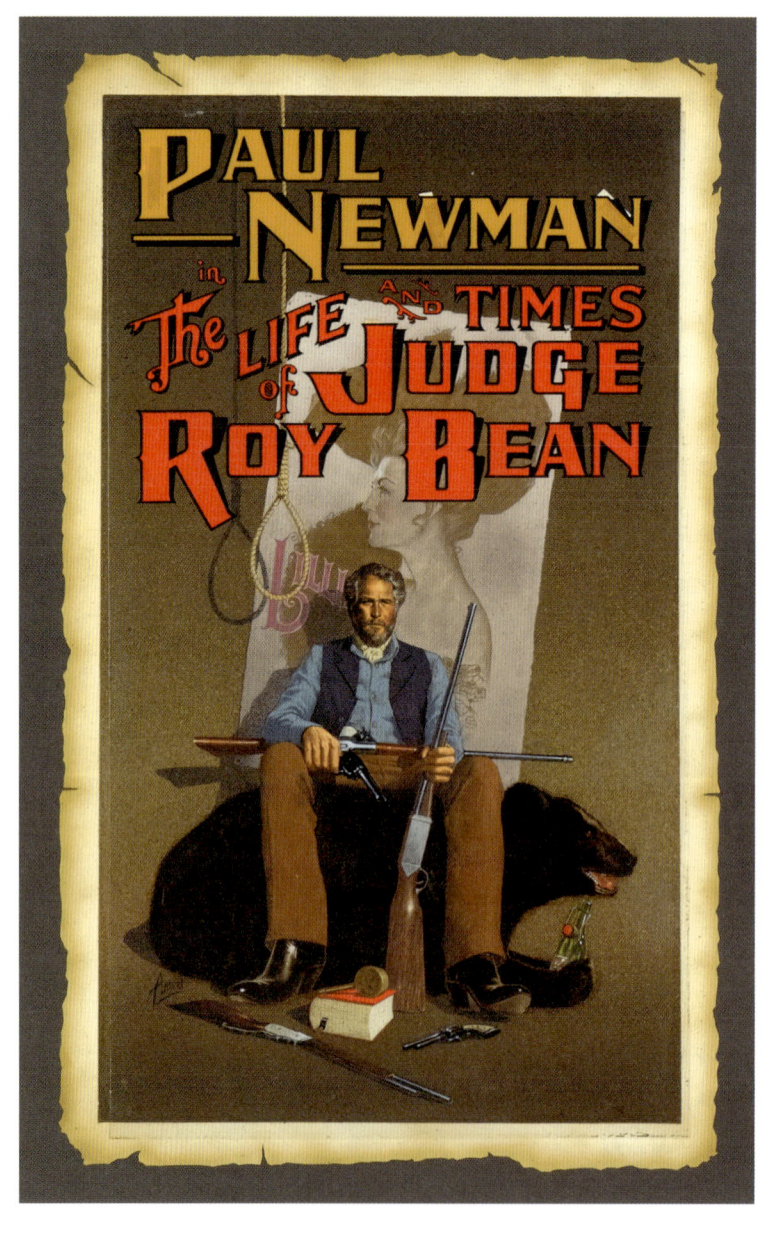

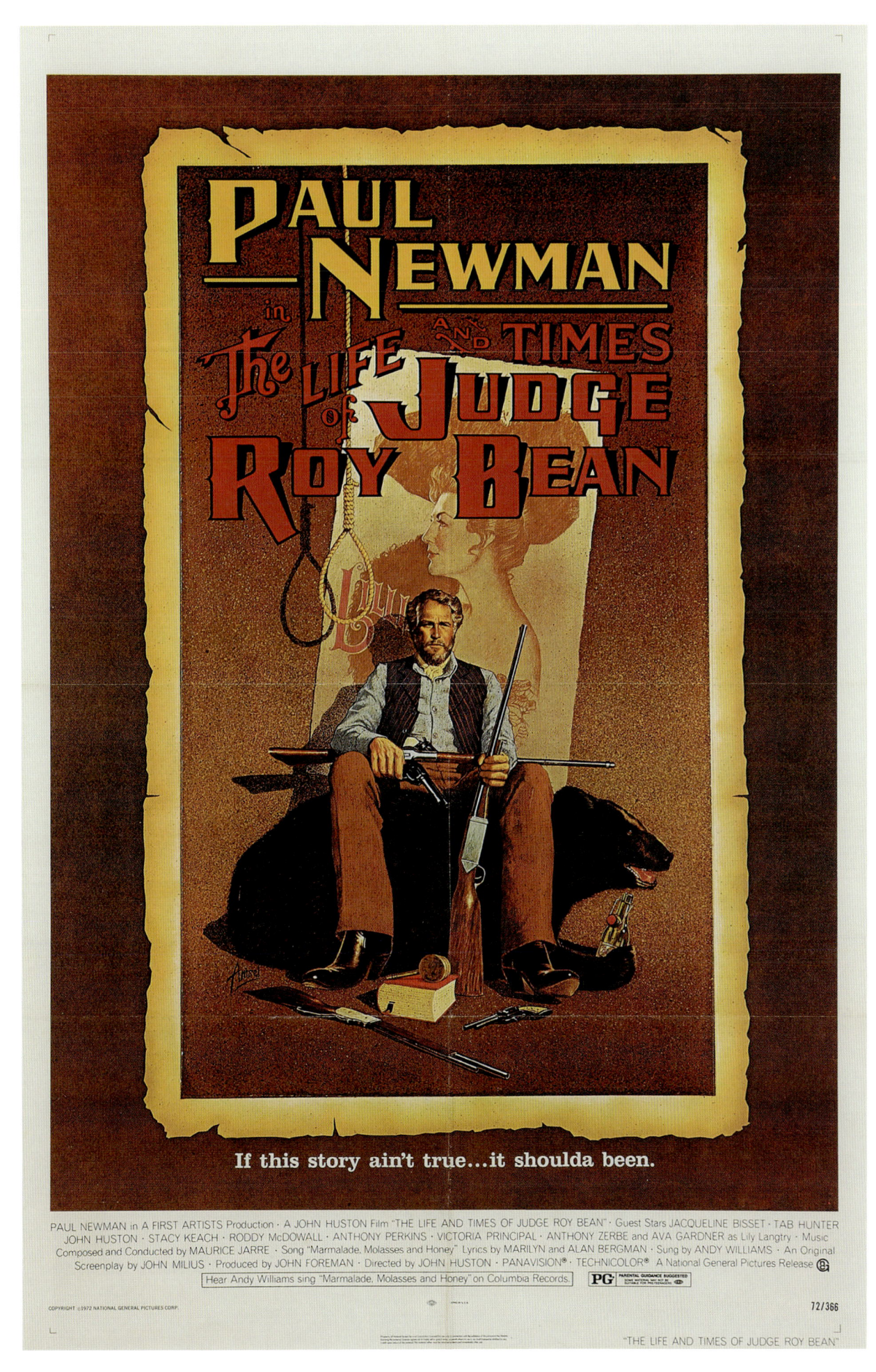

アメリカ版1シート / NGP / AW：リチャード・アムセル / AD：ビル・ゴールド
USA - 1 sheet / 104 × 69 / NGP 1972 / AW: Richard Amsel / AD: Bill Gold
※アムセルが発揮した高いイラスト技術とセンスの良さに着眼したゴールドは翌年、『スティング』アートワーク制作時にも彼に声を掛けた。

イギリス版クワッド / シネラマ・リリーシング / AW：アルナルド・プッツ
UK – Quad / 76 × 102 / Cinerama Releasing 1973 / AW: Arnaldo Putzu

西ドイツ版2シート / トビス
WEST GERMANY - 2 sheet / 84 × 116 / Tobis Filmkunst 1975

スペイン版1シート / ムンディアル・フィルム /
AW：マカリオ・ゴメス・キブス（マック）
SPAIN - 1 sheet / 99×68 / Mundial Film 1972 /
AW: Macario Gomez Quibus（Mac）

西ドイツ版1シート / トビス
WEST GERMANY - 1 sheet / 84×58 / Tobis Filmkunst 1975

チェコ版 / AW：ペトル・ヴァペニク
CZECH / 37×28 / 1974 / AW: Petr Vapenik

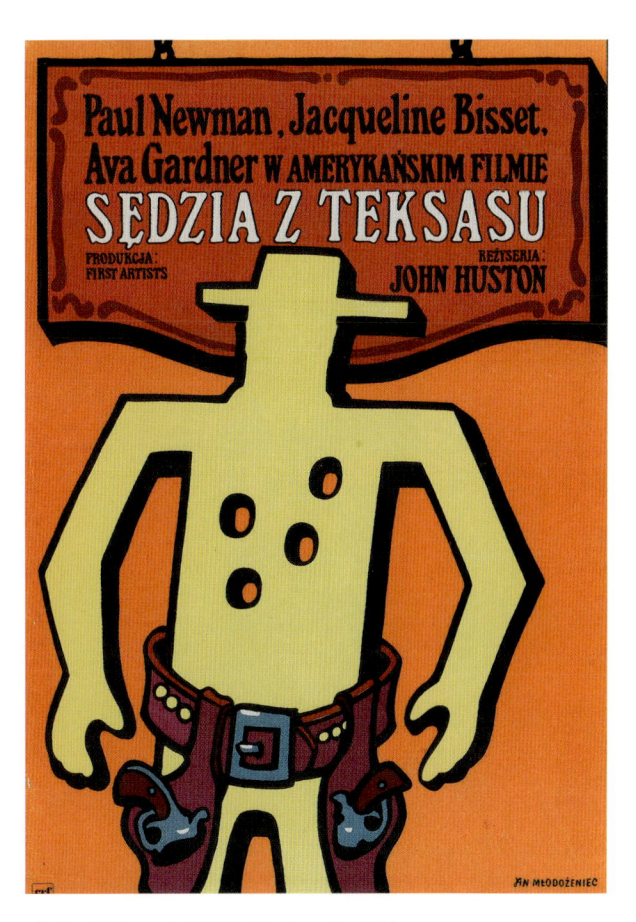

ポーランド版1シート / CRF / AW：ヤン・ムロドゼニェツ
POLAND – 1 sheet / 83×58 / CRF 1975 / AW: Jan Mlodozeniec

まだらキンセンカにあらわれるガンマ線の影響

The Effect of Gamma Rays on Man-in-the-Moon Marigolds

1972／アメリカ／101分／カラー／ヴィスタ／
20世紀フォックス（日本劇場未公開）
＜出演＞
ジョアン・ウッドワード、ネル・ポッツ、ロバータ・ウォラック
＜スタッフ＞
監督：ポール・ニューマン（共同製作も）
製作：ジョン・フォアマン
原作：ポール・ジンテル「The Effect of Gamma Rays on
　Man-in-the-Moon Marigolds」（戯曲）
脚本：アルヴィン・サージェント　撮影：アダム・ホーレンダー
編集：エヴァン・ロットマン
音楽：モーリス・ジャール

中年の未亡人ベアトリス（ウッドワード）とその娘ルース（ウォラック）とマチルダ（ポッツ）は、理解しがたい現代社会で生き残るために奮闘している。ベアトリスは優雅なティールームを開くことを夢見ているが、目標を達成する資金はない。ルースはてんかんを患う反抗的な思春期を送り、マチルダは内気ながら高い知性と理想主義を持ち、コバルト60から放出される少量のガンマ線がマリーゴールドにどのような影響を与えるかの科学実験に没頭する。64年ピューリッツァー賞を受賞した戯曲の映画化で、『レーチェル レーチェル』に続き、ウッドワードと娘のエリノア（芸名ネル・ポッツ）を主役に起用。ニューマンと同じアクターズ・スタジオ出身の名優イーライ・ウォラックの娘ロバータも抜擢された。ウッドワードはカンヌ国際映画祭で女優賞を受賞。撮影はニューマンの自宅近くのコネティカット州ブリッジポートで行われた。日本ではWOWOW放送のほか、21年12月、京都みなみ会館の特集上映枠で特別上映された。

宣伝用スチール（アメリカ版）

アメリカ版1シート：スタイルB／フォックス
USA - 1 sheet: style B / 104×69 / Fox 1972

マッキントッシュの男

The Mackintosh Man

1973／イギリス・アメリカ／98分／カラー／ヴィスタ／
ワーナー・ブラザース（同）
＜共演＞
ドミニク・サンダ、ジェームズ・メイソン、ハリー・アンドリュース
＜スタッフ＞
監督：ジョン・ヒューストン
製作：ジョン・フォアマン、ポール・ニューマン
原作：デスモンド・バグリイ「マッキントッシュの男」
脚本：ウォルター・ヒル　撮影：オズワルド・モリス
編集：ラッセル・ロイド　音楽：モーリス・ジャール

一介の犯罪人からイギリス諜報部のエージェントに転身したジョセフ・レアデン（ニューマン）はMI5のマッキントッシュ（アンドリュース）と副官のスミス夫人（サンダ）からの指令で、普通郵便で運ばれていた高額ダイヤモンドをまんまと盗むが、易々と逮捕されチェルムスフォード刑務所に入獄する。そこからKGBの二重スパイや共産主義者の下院議員ウィーラー（メイソン）らが入り混じり、意外な展開を見せるラストまで楽しめるスパイ・スリラー。イギリス、マルタ共和国、アイルランド共和国でロケ撮影された。

宣伝用スチール（アメリカ版）

アメリカ版1シート：ティザー版 / ワーナー
USA - 1 sheet: Teaser / 104×69 / WB 1973
※ニューマンとサンダの横顔が拳銃と一体化する奇抜なビジュアルが本作宣伝上のアイコンとなった。

アメリカ版3シート：国際用 / ワーナー
USA - 3 sheet: International / 208 × 104 / WB 1973

アメリカ版インサート / ワーナー
USA – Insert / 91 × 36 / WB 1973

日本版半裁：タイアップ / マンダム / AW：生頼範義
JAPAN – Hansai: Tie-in style / 73 × 52 / Mandom 1974 /
AW: Noriyoshi Ohrai
※男性用化粧品マンダムが映画とタイアップした「世界のスター」シリーズ。
　生頼範義によるイラストで、ブルース・リー、クリント・イーストウッド、
　ロバート・レッドフォード、ジュリアーノ・ジェンマなどが出演作とともに
　印刷された。

イタリア版2シート / ワーナー
ITALY - 2 Fogli / 140 × 100 / WB 1973

イギリス版クワッド / ワーナー / AW：トム・ウィリアム・シャントレル
UK – Quad / 76 × 102 / WB 1973 / AW: Tom William Chantrell
※同じワーナー作品『暴力脱獄』の宣伝用スチール（P90）をイラスト化し、
　イギリス版アートワークが制作された。

スティング

1973／アメリカ／129分／カラー／ヴィスタ／
ユニヴァーサル・ピクチャーズ（CIC）
＜共演＞
ロバート・レッドフォード、ロバート・ショウ、
チャールズ・ダーニング
＜スタッフ＞
監督：ジョージ・ロイ・ヒル
製作：トニー・ビル、マイケル＆ジュリア・フィリップス
脚本：デヴィッド・S・ウォード　撮影：ロバート・サーティース
編集：ウィリアム・レイノルズ　音楽：マーヴィン・ハムリッシュ

36年のシカゴを舞台に、賭博師と詐欺師のコン・ゲームを扱った快作。40年に出版された「詐欺師入門 騙しの天才たち：その華麗なる手口」（デヴィッド・W・モラー著）で紹介されたフレッド＆チャーリーのゴンドーフ兄弟が実際に行った詐欺にインスパイアされた。『スティング』とは「騙す、ぼったくる」を表すスラング。アメリカの中間層家庭に影響力の大きかった「サタデー・イブニング・ポスト」誌の表紙を彷彿とさせるヤロスラフ・ゲーブルによる、古風なタイトル・カードが特徴的。ポスターアートワークも同様のコンセプトで制作された。史上最高の脚本の一つと評され、アカデミー賞では作品賞、監督賞、編集賞、脚本賞を含む10部門にノミネートされ、7部門を受賞。05年にはアメリカ国立フィルム登録簿に登録された。

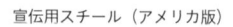

宣伝用スチール（アメリカ版）

アメリカ版ロビーカード：8枚セット / ユニヴァーサル　USA – Lobby Card: set of 8 / 26 × 38 / Universal 1973

PAUL ROBERT
NEWMAN REDFORD
ROBERT SHAW

A BILL / PHILLIPS Production Of a GEORGE ROY HILL Film

"THE STING"

A RICHARD D. ZANUCK/DAVID BROWN PRESENTATION

Written by — Directed by
DAVID S. WARD ▪ GEORGE ROY HILL

Produced by
TONY BILL, MICHAEL and JULIA PHILLIPS

A UNIVERSAL PICTURE ▪ TECHNICOLOR* — Original Soundtrack Album available exclusively on MCA Records & Tapes — **PG** PARENTAL GUIDANCE SUGGESTED SOME MATERIAL MAY NOT BE SUITABLE FOR PRE-TEENAGERS

アメリカ版１シート：テスト版 / ユニヴァーサル　USA - 1 sheet: Test Printing / 104 × 69 / Universal 1973
※宣伝用ポスターを各映画館に配給する組織、ナショナル・スクリーン・サービス（NSS）を通さずに印刷されたことに加えて、通常版１シート（P144）
に比べ、まったく市場に出てこないことから、実際には劇場で掲出されなかったテスト版だったと推測できる。

アメリカ版40×60 / ユニヴァーサル / AW：チャールズ・モル / AD：ビル・ゴールド
USA – Forty by Sixty / 152×102 / Universal 1973 / AW: Charles Moll / AD: Bill Gold
※ノスタルジックな30年代の世界に観客を引き込むために、アート・ディレクターのゴールドは
　「サタデー・イブニング・ポスト」誌のノーマン・ロックウェル調イラストを制作するようモルに依頼した。

アメリカ版1シート / ユニヴァーサル / AW：リチャード・アムセル / AD：ビル・ゴールド
USA - 1 sheet / 104 × 69 / Universal 1973 / AW: Richard Amsel / AD: Bill Gold
※ノーマン・ロックウェルより先代の有名なイラストレーター、ジョセフ・クリスチャン・ライエンデッカーの作品をイメージしたアムセルは、
　古風なテーブルや小道具、衣服の裾や人物の表情など、ライエンデッカーの味わいが感じられる素晴らしいイラストを創出した。

西ドイツ版1シート / ユニヴァーサル / AW：ルッツ・ペルツァー
WEST GERMANY - 1 sheet / 84 × 58 / Universal 1974 / AW: Lutz Peltzer
※左ページのアメリカ版アートワークを参考に、西ドイツ映画界が誇る才人ペルツァーが別イラストを完成させた。『暴力脱獄』でも同様の事例が見られる（P96）。
　キャラクターの表情や衣装の色合い、小道具の変更など細かい違いを発見することも各国ポスターをコレクションする愉しみの一つといえる。

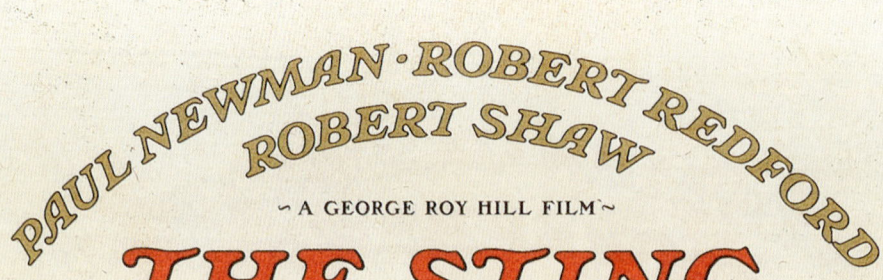

アメリカ版プライベート・コミッション / AW：ハンス・ウッディ
USA – Private Comissionn / 91 × 61 / 2022 / AW: Hans Woody
※オルタナティブ・ポスターとして16色を駆使したジークレー印刷で60枚のみ制作された。
　モルやアムセルのアメリカ版アートワークにオマージュを捧げながら、独自の味わいを追求している。シリアル・ナンバーは19/60。

日本版半裁 / CIC　JAPAN – Hansai / 73 × 52 / CIC 1974
※本国版イラストを流用しながらも、周辺に小道具を散りばめ、
　赤バックにイエローの配色で作品ロゴを目立たせた。

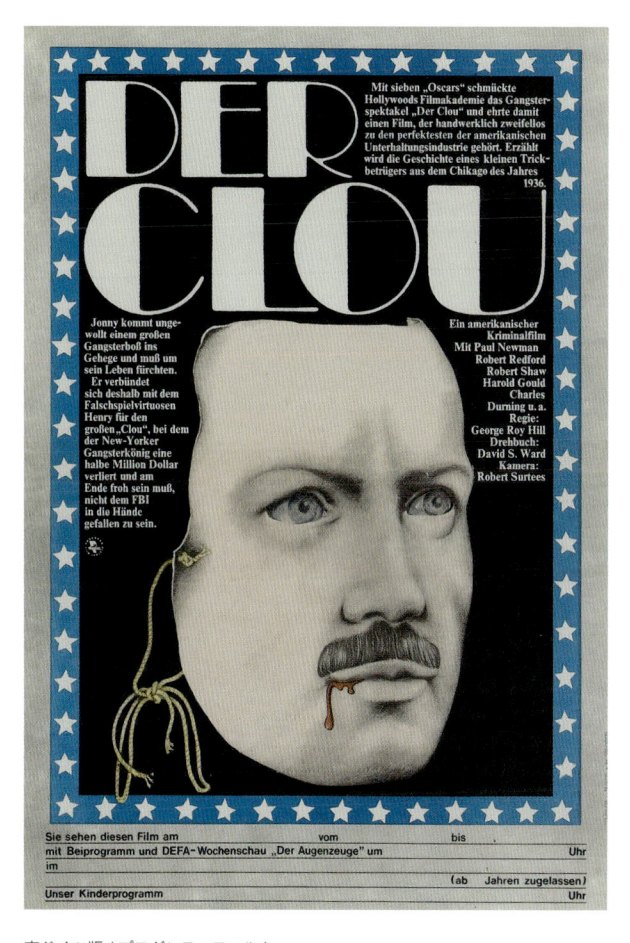

東ドイツ版 / プログレス・フィルム
EAST GERMANY / 57 × 41 / Progress Film 1976

フランス版グランデ / CIC / AW：ミシェル・ランディ
FRANCE - Grande / 160 × 120 / CIC 1974 / AW: Michel Landi

チェコ版 / AW：カレル・マハレク
CZECH / 42 × 30 / 1975 / AW: Karel Machalek

タワーリング・インフェルノ

1974／アメリカ／165分／カラー／スコープ／
20世紀フォックス＆ワーナー・ブラザース（同）
＜共演＞
スティーヴ・マックイーン／フェイ・ダナウェイ／ウィリアム・ホールデン
＜スタッフ＞
監督：ジョン・ギラーミン
製作：アーウィン・アレン（アクション・シーン監督も）
原作：リチャード・マーティン・スターン「そびえたつ地獄」、フランク・M・
ロビンソン＆トーマス・N・スコーシア「タワーリング インフェルノ」
脚本：スターリング・シリファント
撮影：フレッド・J・コーネカンプ、ジョセフ・バイロック
編集：カール・クレス、ハロルド・F・クレス
音楽：ジョン・ウィリアムズ

フォックスとワーナーが同じようなテーマの作品を製作予定にしていたことが分かり、一本にまとめて共同製作・配給することとなったパニック映画超大作。世界最高のスター、ニューマンとマックイーン夢の共演に加え、ダナウェイ、ホールデン、フレッド・アステアやジェニファー・ジョーンズなど新旧オールスター・キャストの話題性も高く、世界中で社会現象を起こす大ヒット作となった。138階建ての超高層ビル、グラス・タワービルの竣工式当日。地下機械室の補助発電機からボヤが発生し次第に大火災になる中、ビル設計者のダグ（ニューマン）と消防隊長オハラハン（マックイーン）が生存者を救出するさまを緊迫感たっぷりに描く。

宣伝用スチール（アメリカ版）

アメリカ版1シート / フォックス＆ワーナー / AW：ジョン・バーキー
USA - 1 sheet / 104 × 69 / Fox & WB 1974 / AW: John Berkey

日本版半裁 / ワーナー＆フォックス / AW：ジョン・バーキー / AD：檜垣紀六　JAPAN – Hansai / 73×52 / WB & Fox 1975 / AW: John Berkey / AD: Kiroku Higaki
※アメリカ本国以外の国における配給表記はワーナーがフォックスより先になった。ワーナー作品を数多く手掛けていた檜垣紀六は本作デザインにあたり本社から指示書を受け取った。ニューマンとマックイーンの顔（眉毛からアゴまでの長さ）の大きさはともに100％、但しニューマンの眼の高さの延長線（横）上にマックイーンの眉毛が位置すること。そしてホールデン、ダナウェイの顔は主演2人の30％、アステア以下のキャストは20％のサイズ。ビリング（名前のクレジット）位置についても細かい規定があった。それら厳しい制約の中、檜垣はビル炎上のイラストに2人の写真を食い込ませて、顔面積の拡大と立体感を演出。また脇役スチールを全体的に縮小し、作品ロゴ（題字）を天地左右の限界まで拡大。日本版独自のアイキャッチ感を出しつつ、本社のアプルーバルも獲得することに成功した。

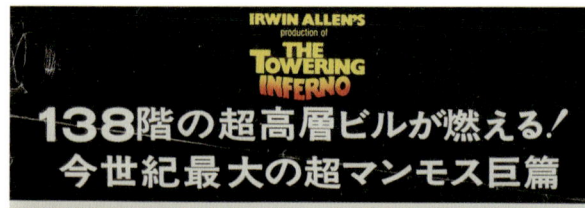

日本版スピード / ワーナー＆フォックス
JAPAN – Speed / 73×26 / WB & Fox 1975
※日本では75年6月28日から公開。
　東京は丸の内ピカデリーや渋谷パンテオンなど6館、その他合わせて計72館で
　全国ロードショー公開され、その後全国117館に拡大。
　史上初となる全国拡大興行で、当時の洋画興行収入の記録を塗り替えた。

イタリア版ダブル・フォトブスタ / ワーナー＆フォックス
ITALY – Double Fotobusta / 94×66 / WB & Fox 1975

ポーランド版1シート / XRF / AW：アンジェイ・クラジェフスキ
POLAND – 1 sheet / 84×55 / XRF 1976 / AW: Andrzej Krajewski

アメリカ版1シート / フォックス＆ワーナー / AW：トム・ユング　USA - 1 sheet / 104 × 69 / Fox & WB R-1976 / AW: Tom Jung
※下部に STYLE B の印刷が入っているが、初公開版アートワーク（P150）をスタイル A としての B 表記と推測できる。

ハーパー探偵シリーズ　新・動く標的

The Drowning Pool

1975／アメリカ／109分／カラー／スコープ／ワーナー・ブラザース（同）
＜共演＞
ジョアン・ウッドワード、トニー・フランシオサ、メラニー・グリフィス
＜スタッフ＞
監督：スチュアート・ローゼンバーグ
製作：ローレンス・ターマン、デヴィッド・フォスター
原作：ロス・マクドナルド「魔のプール」
脚本：トレイシー・キーナン・ウィン、ウォルター・ヒルほか
撮影：ゴードン・ウィリス　編集：ジョン・C・ハワード
音楽：マイケル・スモール

一匹狼のタフな私立探偵ルー・ハーパーが活躍するニューマン初の続編出演作。アメリカ南部の石油王デベロー家と対立する新興のキルバーン家との闇、隠された殺人事件の怪を解く。ハーパーに仕事を依頼するアイリス・デベロー役にウッドワード。その娘スカイラーには本作撮影時、17才だったメラニー・グリフィス。彼女は20年後に製作された『ノーバディーズ・フール』（94）でニューマンと再共演、憧れの人妻役としてほろ苦い大人の恋を演じた。

OUT OF CHARACTER—Paul Newman and Joanne Woodward, hand in hand, on location in Louisiana for "The Drowning Pool," a First Artists Presentation for Warner Bros. release. They top the cast—their eighth picture together—along with Tony Franciosa, Murray Hamilton, Richard Jaeckel and Melanie Griffith. Directed by Stuart Rosenberg, it's a suspense drama based on the novel by Ross MacDonald. The script is by Tracy Keenan Wynn, Lorenzo Semple Jr. and Walter Hill; the producers are Lawrence Turman and David Foster. It is a Coleytown production.

宣伝用スチール（アメリカ版）

THE GUMSHOE'S OPEN FACE—Paul Newman, arms akimbo, faces a lot of bafflement in his role of a private investigator in "The Drowning Pool," the First Artists Presentation for Warner Bros., directed by Stuart Rosenberg. Newman plays the famous detective Nero Lew Harper (created by Ross MacDonald as Lew Archer), the same man he portrayed in "Harper." The picture, with screenplay by Tracy Keenan Wynn, Lorenzo Semple Jr. and Walter Hill, was produced by Lawrence Turman and David Foster, and stars Joanne Woodward and Tony Franciosa. It is a Coleytown Production.

FRONT-PORCH CONFERENCE—Paul Newman and director Stuart Rosenberg use the entrance to a famous old plantation in Louisiana to talk about "The Drowning Pool," a First Artists Presentation for Warner Bros., release. It is a suspense story based on a novel by Ross MacDonald, written by Tracy Keenan Wynn, Lorenzo Semple Jr. and Walter Hill. It is a Coleytown production, produced by Lawrence Turman and David Foster. Others in the cast include Tony Franciosa, Melanie Griffith, Murray Hamilton, Richard Jaeckel, Linda Haynes, Gail Strickland, Coral Browne and Richard Derr.

アメリカ版アートワーク：試作版 / ワーナー / AD：ビル・ゴールド
USA – Unused Artwork / WB 1975 / AD: Bill Gold
From Bill Gold: PosterWorks（Reel Art Press）
※前作『動く標的』に続き、ビル・ゴールドがアメリカ版アート・
　ディレクションを担当。本デザインはアメリカ国内用デザインと
　しては採用されなかったが、本ページで紹介している国際用ポス
　ターにそのエッセンスが残された。

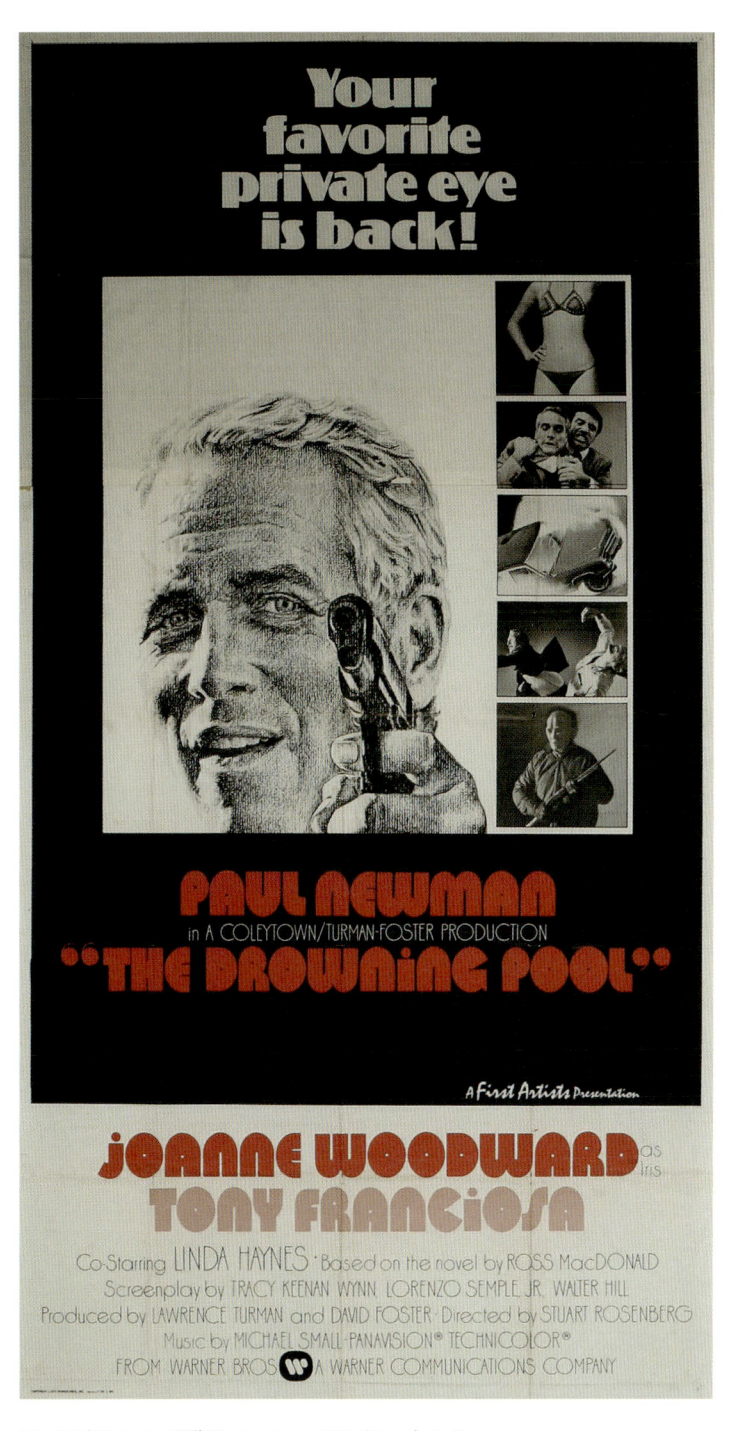

アメリカ版3シート：国際用 / ワーナー / AD：ビル・ゴールド
USA - 3 sheet: International / 206×104 / WB 1975 / AD: Bill Gold

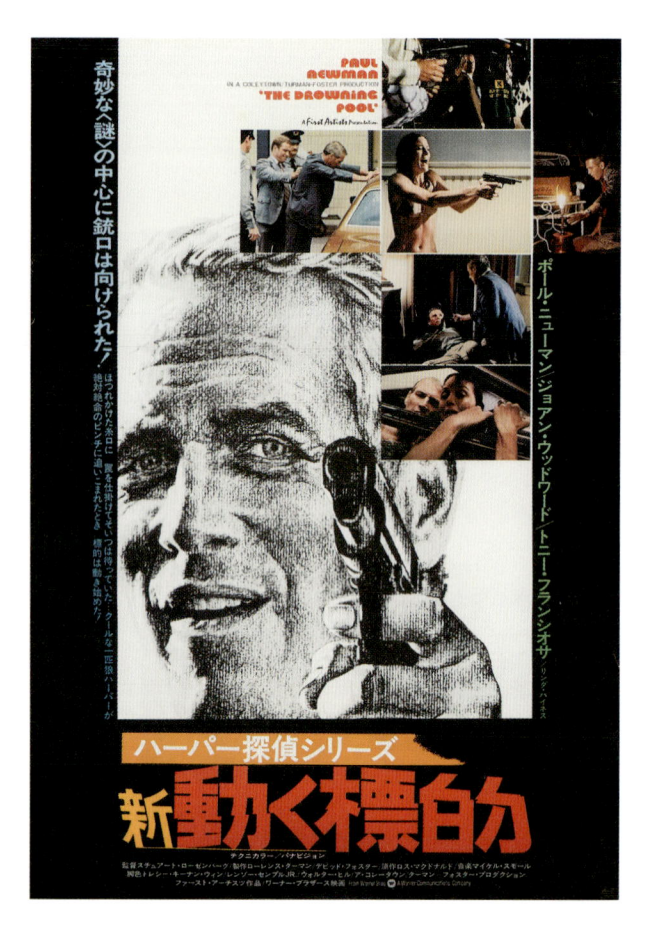

日本版半裁 / ワーナー / AW：檜垣紀六
JAPAN – Hansai / 73 × 52 / WB 1976 / AW: Kiroku Higaki

アメリカ版インサート / ワーナー / AD：ビル・ゴールド
USA – Insert / 91 × 36 / WB 1975 / AD: Bill Gold

イタリア版ダブル・フォトブスタ / ピク・ディストリブッジョーネ
ITALY – Double Fotobusta / 94 × 66 / Pic Distribuzione 1976

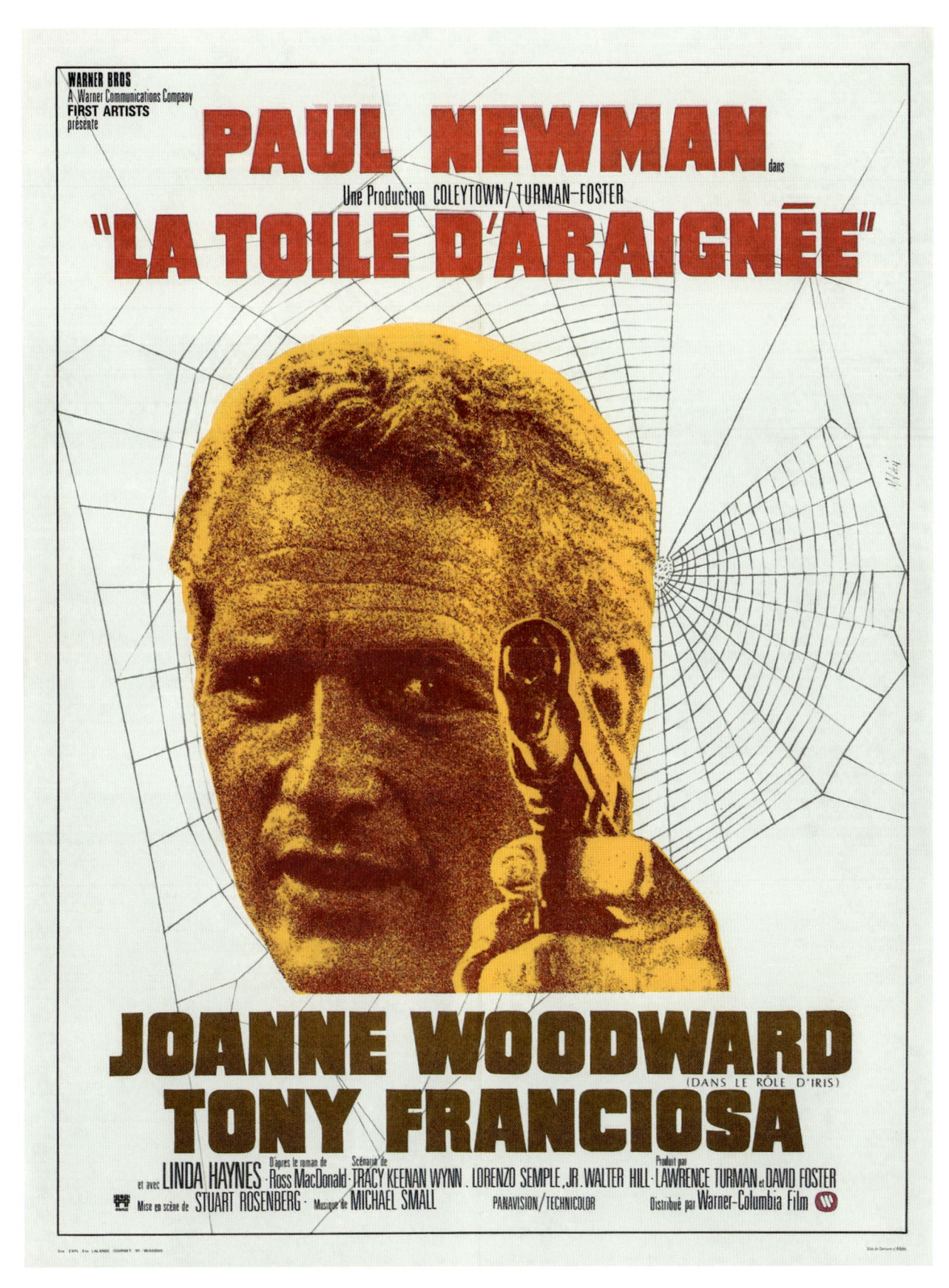

フランス版グランデ / ワーナー・コロンビア / AW：ジャン・マッシ
FRANCE - Grande / 160×120 / Warner-Columbia Film 1975 / AW: Jean Mascii
※イラスト専門のアーティスト、マッシにしては珍しくニューマンのスチールを使用。
　蜘蛛の糸を組み合わせて、本作で描かれる犯人捜しの複雑さを表現した。

サイレント・ムービー

1976／アメリカ／88分／カラー／ヴィスタ／20世紀フォックス（同）
＜共演＞
マーティ・フェルドマン、ドム・デルイーズ、バーナデット・ピーターズ
＜スタッフ＞
監督：メル・ブルックス（出演、共同脚本も）
製作：マイケル・ハーツバーグ
原案：ロン・クラーク（共同脚本も）
脚本：ルディ・デ・ルカ、バリー・レヴィンソン
撮影：ポール・ローマン
編集：スタンフォード・C・アレン、ジョン・C・ハワード
音楽：ジョン・モリス

コメディ映画の名手、メル・ブルックスが監督・主演を務めたハリウッド内幕モノ。峠を越えた映画監督メル・ファン（ブルックス）は助手のマーティ（フェルドマン）とドム（デルイーズ）を率いて、76年の現代におけるサイレント（無声）映画を製作しようと大奮闘する。次々とハリウッド・スターたちに出演交渉をするシーンが笑いを誘うが、ニューマンは入院中の本人役として車椅子姿で登場。ブルックスらとデッドヒートを繰り広げる。ほかにバート・レイノルズ、ジェームズ・カーン、ライザ・ミネリ、アン・バンクロフト（ブルックスの実妻）やパントマイマーのマルセル・マルソーが本人役で出演している。一言だけマルソーによるセリフがあるが、残りはすべてサイレントで構成された。

宣伝用スチール（アメリカ版）

日本版半裁／フォックス　JAPAN – Hansai／73×52／Fox 1976

ビッグ・アメリカン

Buffalo Bill and the Indians, or Sitting Bull's History Lesson

1976／アメリカ／123分／カラー／スコープ／
ユナテッド・アーティスツ（東宝東和）
＜共演＞
バート・ランカスター、ジェラルディン・チャップリン、ジョエル・グレイ
＜スタッフ＞
監督：ロバート・アルトマン（製作、共同脚本も）
原案：アーサー・コピット「Indians」（戯曲）
脚本：アラン・ルドルフ　撮影：ポール・ローマン
編集：ピーター・アップルトン、デニス・ヒル
音楽：リチャード・バスキン

ニューマンがウィリアム・F・コーディ（通称バッファロー・ビル）を演じた異色西部劇。西部開拓時代の終焉を迎えようとしていた1885年、ビルは自身が主催するワイルド・ウエスト・ショー一座に出演させるべく、カスター将軍の第七騎兵隊を全滅させた西部の伝説的酋長シッティング・ブルを招聘するが、次第に自分よりも酋長の人気が高まる事態に。その結果、ビルの一座に次々と信じられないトラブルが巻き起こるのだった。公開当時のアメリカは建国200周年のお祭りムード真っ最中だったため、アメリカの英雄神話をシニカルに笑い飛ばした本作の興行成績は芳しくなかったが、ベルリン国際映画祭では金熊（作品）賞を受賞した。

宣伝用スチール（アメリカ版）

アメリカ版 30×40：先行版 / ユナイト / AW：デビッド・ウィラードソン
USA – Thirty by Forty. Advance / 102×76 / UA 1976 / AW: David Willardson
※バッファロー・ビル一座の興行用ポスター風にデザインされた先行版。

アメリカ版1シート / ユナイト / AW：デビッド・ウィラードソン
USA - 1 sheet / 104×69 / UA 1976 / AW: David Willardson

日本版半裁 / 東宝東和
JAPAN – Hansai / 73 × 52 / Toho Towa 1977

フランス版グランデ / S.N. プロディス /
AW：ヴァンニ・ティアルディ＆ルネ・フェラッチ
FRANCE - Grande / 160 × 120 / S.N. Prodis 1976 /
AW: Vanni Tealdi & René Ferracci

スペイン版 1 シート / フィルメイヤー /
AW：フランシスコ・フェルナンデス＝サルサ・ペレス（ジャノ）
SPAIN - 1 sheet / 100 × 69 / Filmayer 1977 /
AW: Francisco Fernández-Zarza Pérez (Jano)

ポーランド版 1 シート / ZRF / AW：ヤクブ・エロル
POLAND – 1 sheet / 98 × 68 / ZRF 1978 / AW: Jakub Erol

イギリス版クワッド / EMI
UK – Quad / 76 × 102 / EMI 1977

イタリア版12シート / ティタヌス
ITALY - 12 Fogli / 270 × 550 / Titanus 1977
※2シートを6枚張り合わせて掲出された超大型ポスター。

スラップ・ショット

1977／アメリカ／123分／カラー／ヴィスタ／
ユニヴァーサル・ピクチャーズ（CIC）
＜共演＞
マイケル・オントキーン、ストローザー・マーティン、ジェリー・ハウザー
＜スタッフ＞
監督：ジョージ・ロイ・ヒル
製作：ロバート・J・ウンシュ、スティーヴン・フリードマン
脚本：ナンシー・ダウド　撮影：ヴィクター・J・ケンパー
編集：デデ・アレン　音楽：エルマー・バーンスタイン（スーパーバイザー）

ペンシルベニア州のある街を舞台に、連敗続きで存続の危機に瀕した全米プロ・アイスホッケーのマイナーリーグに所属する「チャールズタウン・チーフス」が暴力プレーに走り、人気と勝利を両方収めてしまうさまを描いた痛快スポーツ・コメディ。ヒル監督と3度目のコンビを組んだニューマンは、何をやってもうまくいかないチームの選手兼コーチ、レジー・ダンロップに扮し新境地を見せた。脚本家ナンシー・ダウドの兄ネッドが実際にプロチームで経験した事柄に基づいてストーリーの大部分が書かれた。

ロビーカード
（アメリカ版）
宣伝用スチール
（アメリカ版）

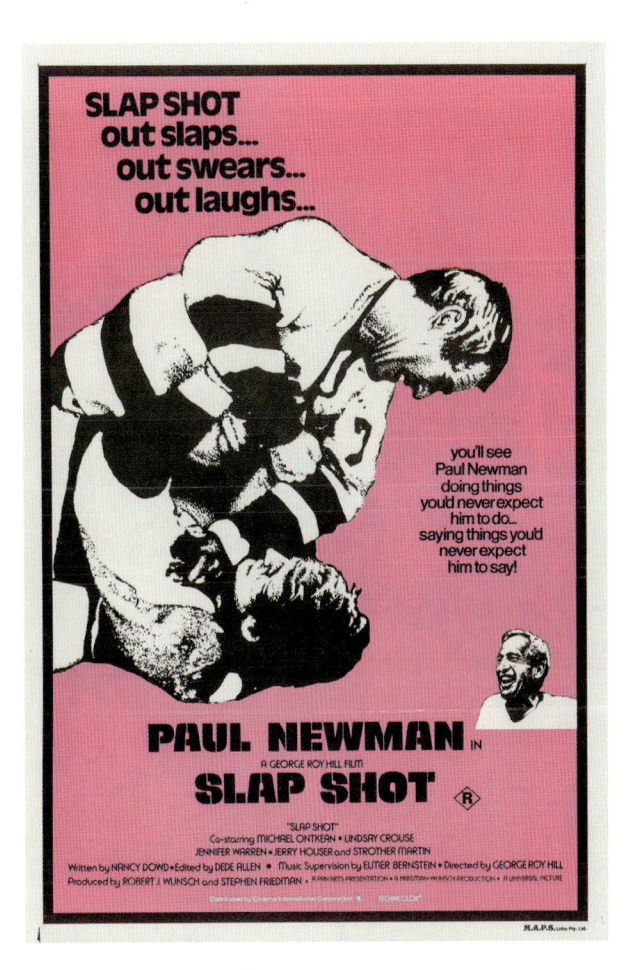

スペイン版1シート / CIC / AW：マカリオ・ゴメス・キブス（マック）
SPAIN - 1 sheet / 100 × 70 / CIC 1977 /
AW: Macario Gomez Quibus（Mac）

オーストラリア版1シート / CIC
AUSTRALIA - 1 sheet / 102 × 69 / CIC 1977

イギリス版クワッド / CIC / AW：リンチ・ギヨタン　UK – Quad / 76 × 102 / CIC 1977 / AW: Lynch Guillotin

アメリカ版スペシャル / ユニヴァーサル / AW：クレイグ・ネルソン
USA - Special / 46 × 31 / Universal 1977 / AW: Craig Nelson

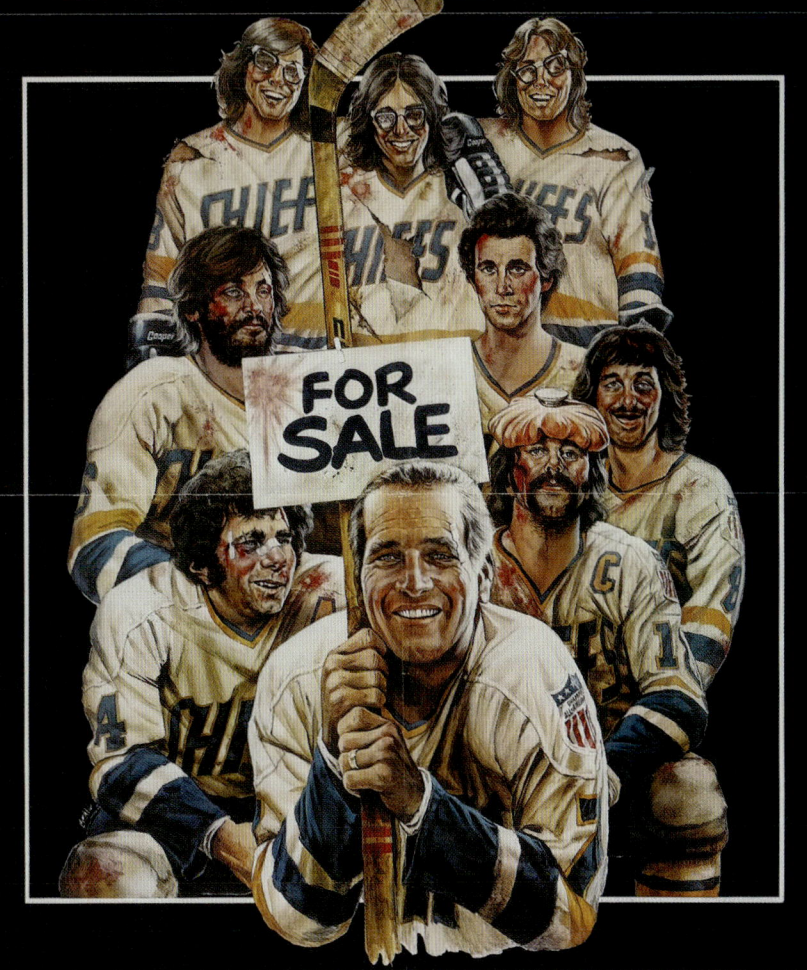

アメリカ版1シート / ユニヴァーサル / AW：クレイグ・ネルソン　USA - 1 sheet / 104×69 / Universal 1977 / AW: Craig Nelson
※本作が持つコメディ的要素をポスターで観客に訴求したがったユニヴァーサルはイラスト担当のネルソンが完成させたアートワーク（P166）に対して、
　ニューマンの表情を笑顔に変更＋メンバーの入れ替えを指示し、1シートの最終版デザインとした。

クインテット

1979／アメリカ／122分／カラー／ヴィスタ／
20世紀フォックス（日本劇場未公開）
＜共演＞
ヴィットリオ・ガスマン、フェルナンド・レイ、ビビ・アンデショーン
＜スタッフ＞
監督：ロバート・アルトマン（製作、共同脚本も）
脚本：フランク・バーハイト、パトリシア・レスニック
撮影：ジャン・ボフェティ　編集：デニス・M・ヒル
音楽：トム・ピアソン

近未来、新氷河期となった地球。弟との再会を果たした流れ者エセックス（ニューマン）は、妊娠中の妻が爆死したことをきっかけに「クインテット」と呼ばれる生死を賭けたゲームにプレイヤーとして参加する羽目になる。そこではゲームの敗北者が実際に処刑される仕組みだったが…。ニューマンにとっては珍しいSFジャンルの出演作。鬼才アルトマンと国際色豊かな演技派キャストが集まったスリラーだったが、雪が支配する灰色の世界感、動きに乏しい密室サスペンスかつ地味なストーリー展開だったため、興行面で大苦戦。日本では劇場未公開に終わった。

ロビーカード
（アメリカ版）
宣伝用スチール
（アメリカ版）

1980／アメリカ／121分／カラー／スコープ／ワーナー・ブラザース（同）
＜共演＞
ウィリアム・ホールデン、ジャクリーン・ビセット、
アーネスト・ボーグナイン
＜スタッフ＞
監督：ジェームズ・ゴールドストーン　製作：アーウィン・アレン
原作：ゴードン・トーマス、マックス・モーガン・ウィッツ
　「The Day the World Ended」
脚本：カール・フォアマン、スターリング・シリファント
撮影：フレッド・J・コーネカンプ
編集：エドワード・ビアリー、フリーマン・A・デイヴィス
音楽：ラロ・シフリン

南太平洋ポリネシアに浮かぶカラルー島で油田採掘をしているハンク（ニューマン）が火山大噴火の危険を察知。当地のホテルオーナー、ギルモア（ホールデン）と美人部下ケイ（ビセット）らとともに噴火、津波から逃れるため、熔岩が下を流れる危険な橋を渡る羽目になる。説得力に欠けるストーリーにチープな画面作りが相まって、『大空港』（70）から始まり『ポセイドン・アドベンチャー』（72）『タワーリング・インフェルノ』（74）で頂点を極めたオールスター・キャストによるパニック映画ブームにおける最大の汚点となった。宣伝用ポスターでは、豪華キャスト＋迫力ある大災害のイラストで観客の期待を煽ろうと涙ぐましい努力をしたが、惨憺たる興行成績に終わった。

ロビーカード
（フランス版、
アメリカ版、
スペイン版）
宣伝用スチール
（アメリカ版）

アメリカ版1シート / ワーナー / AW：ロバート・タネンバウム
USA - 1 sheet / 104 × 69 / WB 1980 / AW: Robert Tanenbaum

イギリス版1シート / ワーナー / AW：アニカス
UK – 1 sheet / 102 × 69 / WB 1980 / AW: Annicas
※このイラストが世界共通アートワークとなり、イギリス・日本・イタリア・フランス・スペイン・西ドイツなどで使用された。

イギリス版クワッド / ワーナー / AW：ゲーリー・ロング
UK – Quad / 76 × 102 / WB 1980 / AW: Gary Long
※作品の出来に不安を感じさせずにはいられないヘリコプターのイラスト。

アパッチ砦・ブロンクス

1981／アメリカ／123分／カラー／ヴィスタ／
20世紀フォックス（東映洋画＋松竹）
＜共演＞
エドワード・アズナー、ケン・ウォール、ダニー・アイエロ
＜スタッフ＞
監督：ダニエル・ペトリ
製作：マーティン・リチャーズ、トム・フィオレロ
脚本：ヘイウッド・グールド　撮影：ジョン・オルコット
編集：リタ・ローランド　音楽：ジョナサン・チューニック

世界有数の犯罪多発地帯、ニューヨーク州サウス・ブロンクス。その第41分署で18年勤務しているベテラン警官のマーフィ（ニューマン）は、若き相棒コレリ（ウォール）とともに日々犯罪と戦っている。しかし新署長コノリー（アズナー）の着任で、今まで保たれていた犯罪と安全との微妙なバランスが狂い始めるのだった。前作『世界崩壊の序曲』（80）で自身のキャリアも崩壊寸前にしたニューマンが本作から社会派ジャンルに連続出演し、年齢を重ねた人間にしか出せない説得力のある演技で再びキャリアを輝かせた。

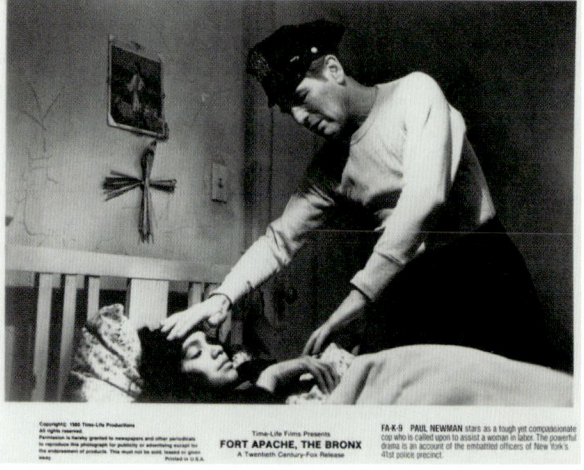

ロビーカード（アメリカ版）
宣伝用スチール（アメリカ版）

日本版半裁 / 東映洋画＋松竹
JAPAN – Hansai / 73 × 52 / Toei Youga + Shochiku 1981

イタリア版4シート / ゴールド・フィルム / AW：レナート・カザロ
ITALY - 4 Fogli / 200 × 140 / Gold Film 1981 / AW: Renato Casaro

イギリス版クワッド / ランク / AW：ブライアン・バイサウス
UK – Quad / 76 × 102 / Rank Film 1981 / AW: Brian Bysouth

スクープ 悪意の不在

1981／アメリカ／116分／カラー／ヴィスタ／
コロンビア・ピクチャーズ（同）
＜共演＞
サリー・フィールド、ボブ・バラバン、ウィルフォード・ブリムリー
＜スタッフ＞
監督：シドニー・ポラック（製作も）
脚本：カート・リュードック　撮影：オーウェン・ロイズマン
編集：シェルドン・カーン　音楽：デイヴ・グルーシン

マイアミで港湾労働組合のリーダーが行方不明になる事件があった。半年が経過しても犯人の特定は一向に進まなく、焦りを見せるFBI捜査官ローゼン（バラバン）は、身内にマフィアのボスがいながらも今回の事件とはまったく無関係だった酒類の卸商人マイケル・ギャラガー（ニューマン）に目を付け、地元紙記者のミーガン（フィールド）に彼へ疑惑の目を向けさせるべく情報操作を行う。その結果、新聞の一面に容疑者として名前を掲載されたギャラガーだったが、自らの疑惑を払拭するため、孤独な頭脳戦に身を投じる。原題『Absence of Malice（悪意の不在）』とは名誉毀損に対する抗弁の一つを意味し、有害な個人情報の開示と公衆の知る権利の対立を説明するために使われる。

ロビーカード
（アメリカ版）
宣伝用スチール
（アメリカ版）

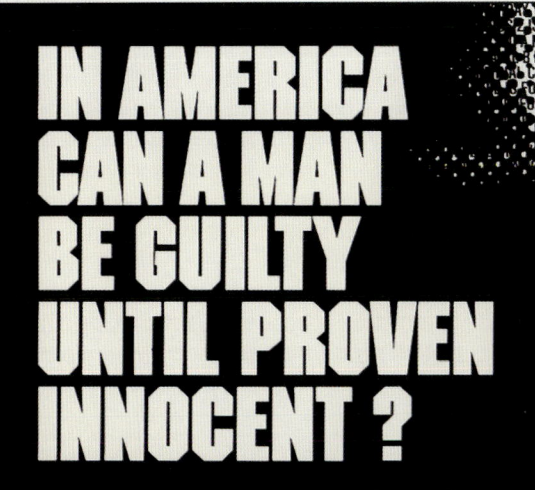

IN AMERICA CAN A MAN BE GUILTY UNTIL PROVEN INNOCENT ?

Suppose you picked up this morning's newspaper and your life was a front page headline…

And everything they said was accurate…

But none of it was true.

The D.A., the Feds, and the Police set her up to write the story that explodes his world.

Now he's going to write the book on getting even.

Photo by TOM ZIMBEROFF, SYGMA

PAUL NEWMAN   SALLY FIELD
ABSENCE OF MALICE

COLUMBIA PICTURES Presents A MIRAGE ENTERPRISES PRODUCTION
PAUL NEWMAN • SALLY FIELD • "ABSENCE OF MALICE" • Music by DAVE GRUSIN
Director of Photography OWEN ROIZMAN, A.S.C. • Executive Producer RONALD L. SCHWARY
PG PARENTAL GUIDANCE SUGGESTED   Written by KURT LUEDTKE • Produced and Directed by SYDNEY POLLACK
SOME MATERIAL MAY NOT BE SUITABLE FOR CHILDREN

© 1981 COLUMBIA PICTURES INDUSTRIES, INC.

Columbia Pictures

PRINTED IN U.S.A.

アメリカ版1シート / コロンビア・ピクチャーズ　USA - 1 sheet / 104×69 / Columbia Pictures 1981
※ほぼすべての公開国でこのアートワークが採用された。別デザインの存在が確認できているのはトルコ版のみ。

評決

1982／アメリカ／129分／カラー／ヴィスタ／
20世紀フォックス（同）
＜共演＞
シャーロット・ランプリング、ジェームズ・メイソン、
ジャック・ウォーデン
＜スタッフ＞
監督：シドニー・ルメット
製作：デビッド・ブラウン、リチャード・Ｄ・ザナック
原作：バリー・リード「評決」
脚本：デヴィッド・マメット
撮影：アンジェイ・バートコフィアク
編集：ピーター・フランク　音楽：ジョニー・マンデル

アルコール依存症でロクな仕事の依頼が入らない初老の弁護士フランク・ギャルビン。出産時の麻酔ミスにより昏睡状態に陥った女性の家族によるカトリック病院に対する訴訟案件を元同僚のモリッシー（ウォーデン）から回してもらい、示談にして手数料を受け取る予定だったが、被害者を目のあたりにして、裁判で事故の真相を暴き出すべく係争する決意を固めてしまう。病院方が用意した敏腕弁護士コンキャノン（メイソン）のチームに対して、モリッシーと二人きりで戦いを挑むギャルビンに秘策はあるのか？　医療過誤訴訟を扱った法廷サスペンスの傑作で、撮影当時56才のニューマンがキャリア最高の演技を見せた。法廷シーンの傍聴席エキストラとして出演した当時無名のブルース・ウィリスは12年後に『ノーバディーズ・フール』でニューマンと本格共演する。アカデミー賞では作品賞、主演男優賞、監督賞、助演男優賞、脚色賞の5部門でノミネートされたが、リチャード・アッテンボロー監督作『ガンジー』（82）などに敗れ、無冠に終わった。

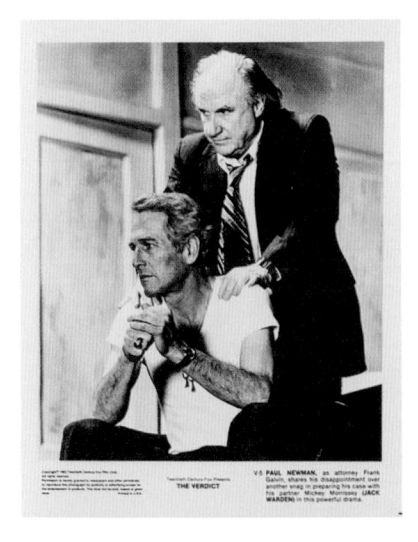

宣伝用スチール（アメリカ版）
※監督ルメットとのツーショットも宣伝で使用された。

日本版半裁 / フォックス　JAPAN – Hansai / 73×52 / Fox 1982
※法廷シーンにおけるニューマンのスチールをメインに捉えた日本独自デザイン。
　アメリカ版（P177）を採用した別バージョンも制作された。

西ドイツ版1シート / フォックス
WEST GERMANY - 1 sheet / 84×58 / Fox 1982

ポーランド版1シート / AW：ヤクブ・エロル
POLAND – 1 sheet / 96×67 / 1985 / AW: Jakub Erol

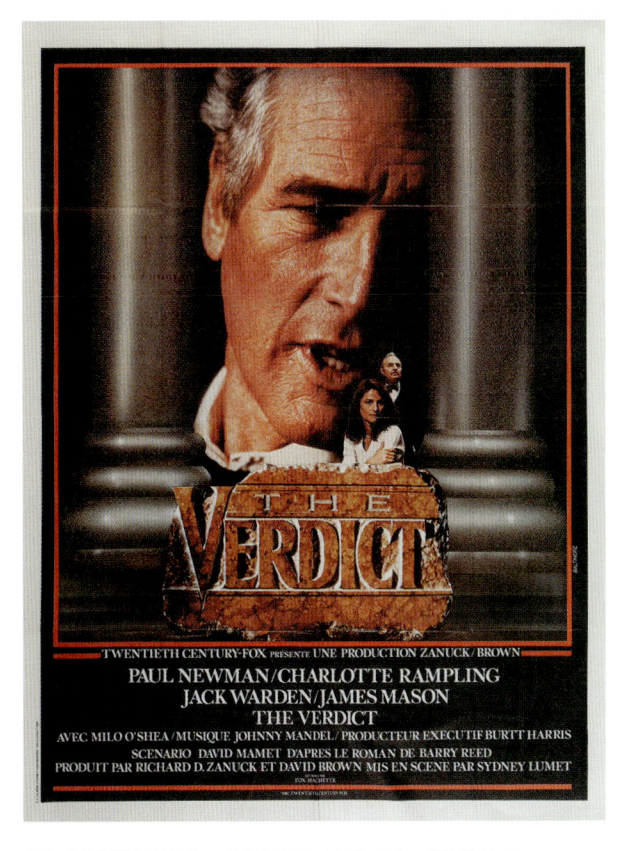

フランス版グランデ / フォックス / AW：ベンジャミン・ボルディモア
FRANCE - Grande / 160×120 / Fox 1982 / AW: Benjamin Baltimore

ハリー＆サン

Harry & Son

1984／アメリカ／117分／カラー／ヴィスタ／
オライオン・ピクチャーズ（日本劇場未公開）
＜共演＞
ロビー・ベンソン、ジョアン・ウッドワード、エレン・バーキン
＜スタッフ＞
監督：ポール・ニューマン（共同製作、共同脚本も）
製作：ロナルド・L・バック（共同脚本も）
原作：レイモンド・デカピート　撮影：ドナルド・マカルパイン
編集：デデ・アレン　音楽：ヘンリー・マンシーニ

南フロリダに住む建設労働者ハリー・キーチ（ニューマン）は生活のために働くことの大切さを教え込まれて生きて来た堅物の男。20代に入った小説家志望の息子ハワード（ベンソン）、保険セールスマンと結婚した娘ニーナとの関係はギクシャクしている。定職に就かず洗車バイトやサーフィン三昧のハワードは父を心から愛しているが、ハリーは柔軟に物事を考えられない性格のため、二人は衝突を繰り返す。突然襲う頭痛と視力低下が原因で失業したハリーは亡き妻の親友だったリリー（ウッドワード）と多くの時間を過ごし始める。そんな中、ハワードの短編小説が出版社に初めて売れて、彼はハリーのために海辺の館を借り、休暇を楽しむが…。若き日のモーガン・フリーマンが脇役で数分間登場し、印象深い存在感を示した。

ロビーカード（アメリカ版）
宣伝用スチール（アメリカ版）

イタリア版4シート / コムパニア・ディストリブッジョーネ・ユーロピア / AW：P.P.スカレラ
ITALY - 4 Fogli / 200 × 140 / Compagnia Distribuzione Europea 1984 / AW: P.P. Scalera

ハスラー 2

1986／アメリカ／119分／カラー／ヴィスタ／
ブエナ・ビスタ・ディストリビューション（東宝）
＜共演＞
トム・クルーズ、メアリー・エリザベス・マストラントニオ、
ジョン・タトゥーロ
＜スタッフ＞
監督：マーティン・スコセッシ
製作：アーヴィング・アクセルラッド、バーバラ・デ・フィーナ
原作：ウォルター・S・テヴィス「ザ・カラー・オブ・マネー」
脚本：リチャード・プライス　撮影：ミヒャエル・バルハウス
編集：セルマ・スクーンメイカー　音楽：ロビー・ロバートソン

50代になったファースト・エディ（ニューマン）は賭けビリヤードの世界を引退し、酒のセールスで生計を立てている。ある日、若きハスラーのヴィンセント（クルーズ）に出会ったエディは昔の自分の姿を彼に重ね合わせる。アトランティックシティで開催されるナインボールの大会優勝を最終目標に武者修行の旅に出る彼らの運命を描いた『ハスラー』25年ぶりの続編。原作も一作目と同様にテヴィスによるが、設定はかなり変更されている。ニューマンは7度目のノミネートにして念願のアカデミー賞主演男優賞を受賞、その前年の名誉賞に続く2年連続オスカー受賞となった。

ロビーカード（西ドイツ版）

日本版B全 / 東宝 / AW：ロバート・タネンバウム　JAPAN – B Zen / 102×73 / Toho 1986 / AW: Robert Tanenbaum
※アメリカ本国版では消えてしまっているプール台とタネンバウムのサインが最終デザインに残されているのは日本、イギリス、アルゼンチン版のみ。

ガラスの動物園

1987／アメリカ／134分／カラー／ヴィスタ／
シネプレックス・オデオン（コロムビア映画）
＜出演＞
ジョアン・ウッドワード、ジョン・マルコヴィッチ、カレン・アレン
＜スタッフ＞
監督：ポール・ニューマン　製作：バート・アリス
原作：テネシー・ウィリアムズ「ガラスの動物園」（戯曲）
撮影：ミヒャエル・バルハウス　編集：デヴィッド・レイ
音楽：ヘンリー・マンシーニ

大恐慌時代の30年代セント・ルイスを舞台に、夫に棄てられ妄想癖のある母アマンダ（ウッドワード）と内気で足の不自由な娘ローラ（アレン）、作家志望の息子トム（マルコヴィッチ）との愛憎と葛藤を描いた。テネシー・ウィリアムズによる44年の同名戯曲を映画化。本作の製作動機として、ウッドワードによる舞台での演技があまりにも素晴らしかったため、それを後世に記録するため劇場用映画として企画したとニューマンは語った。ニューマンによる最後の映画監督作品。

宣伝用スチール（アメリカ版）

日本版半裁／コロムビア／AW：佐野一彦
JAPAN – Hansai / 73 × 52 / Columbia 1988 / AW: Kazuhiko Sano
※佐野はアメリカを拠点として活躍したイラストレーターで『スター・ウォーズ／ジェダイの復讐』（83）アメリカ版1シート：スタイルBで知られる。本アートワークで「ハリウッド・リポーター」誌主催のKey Art賞を受賞した。

シャドー・メーカーズ

Fat Man and Little Boy

1989／アメリカ／127分／カラー／スコープ／
パラマウント・ピクチャーズ（日本劇場未公開）
＜共演＞
ドワイト・シュルツ、ジョン・キューザック、ボニー・ベデリア
＜スタッフ＞
監督：ローランド・ジョフィ（共同脚本も）　製作：トニー・ガーネット
脚本：ブルース・ロビンソン（原案も）
撮影：ヴィルモス・ジグモンド　編集：フランソワ・ボノー
音楽：エンニオ・モリコーネ

第二次大戦末期の42年。アメリカ軍は原子爆弾の開発に着手し、ニューメキシコ州のロス・アラモス研究所にて核兵器製造作戦「マンハッタン計画」をスタートさせる。理論物理学者Ｊ・ロバート・オッペンハイマー（シュルツ）をはじめとする科学者チームを束ねた、アメリカ陸軍准将（最終的に中将）レズリー・グローヴスにニューマンが扮した戦争実録ドラマ。大量殺戮兵器を作ってしまう科学者たちの心の葛藤と矛盾が描かれたが、日本ではビデオ発売に留められた。タイトル（原題）は広島と長崎に投下された爆弾の名前から採られたが、邦題はイギリス題名に合わせた。

宣伝用スチール（アメリカ版）

アメリカ版1シート／パラマウント
USA - 1 sheet / 104×69 / Paramount 1989

ブレイズ

1989／アメリカ／120分／カラー／ヴィスタ／
ブエナ・ビスタ（タッチストーン・ピクチャーズ＋ワーナー・ブラザース）
＜共演＞
ロリータ・ダヴィトヴィッチ、ジェリー・ハーディン、ゲイラード・サーテイン
＜スタッフ＞
監督：ロン・シェルトン（脚本も）
製作：ジル・フリーセン、デイル・ポロック
原作：ブレイズ・スター、ヒューイ・ペリー
　「Blaze Starr: My Life as Told to Huey Perry」
撮影：ハスケル・ウェクスラー　編集：ロバート・レイトン
音楽：ベニー・ウォーレス

50年代、ルイジアナ州に実在した破天荒な州知事のアール・ロング（ニューマン）と心優しいストリッパー、ブレイズ・スター（ダヴィトヴィッチ）の実話を基にしたラヴストーリー。資産家への増税や黒人参政権を主張するリベラル派ロングの政敵は、妻がいる65才の州知事と28才のストリッパーの真剣な恋を一大スキャンダルに仕立てるが、二人の絆は深く、一度は失脚したロングも政界復帰を掛けて連邦下院選に挑むのだった。演技を心から楽しんでいるニューマンの姿が心に響く快作。

ロビーカード（アメリカ版）
宣伝用スチール（フランス版）

アメリカ版1シート / ブエナ・ビスタ・ピクチャーズ
USA - 1 sheet / 102×69 / Buena Vista Pictures 1989

アメリカ版1シート：ビデオグラム告知用 / ブエナ・ビスタ・ホームビデオ
USA - 1 sheet: Videogram / 102×66 / Buena Vista HomeVideo 1989

日本版半裁 / タッチストーン・ピクチャーズ＆ワーナー
JAPAN – Hansai / 73×52 / Touch Stome Pictures & WB 1990

ミスター ＆ ミセス・ブリッジ

Mr. & Mrs. Bridge

1990／イギリス・アメリカ・カナダ／126分／カラー／ヴィスタ／
ブエナ・ビスタ（東宝東和）
＜共演＞
ジョアン・ウッドワード、ロバート・ショーン・レナード、
キーラ・セジウィック
＜スタッフ＞
監督：ジェームズ・アイヴォリー　製作：イスマイル・マーチャント
原作：イヴァン・S・コネル「ミスター＆ミセス・ブリッジ」
脚本：ルース・プラバー・ジャブバーラ
撮影：トニー・ピアース＝ロバーツ　編集：ハンフリー・ディクソン
音楽：リチャード・ロビンス

30〜40年代のミズーリ州カンザスシティ。時代とともに変化する生活
環境や風俗と向かい合う、ある弁護士一家の物語。ウォルター・ブリッ
ジ（ニューマン）は自分が大切にしてきた保守的な価値観と、それに相
反する3人の子供たちの成長と反抗心とに対峙する。同時に長年連れ添
った妻のインディア（ウッドワード）との夫婦の危機も迎え、現代的な
世界観を自身の心に受け入れようと努力するウォルターの姿が、名匠ア
イヴォリーの手によってレースを一枚一枚重ねるように丁寧に演出され
た佳作。

宣伝用スチール（アメリカ版）

アメリカ版1シート／ミラマックス・フィルムズ
USA - 1 sheet／102×69／Miramax Films 1990

1994／イギリス・アメリカ・ドイツ／111分／カラー／ヴィスタ／
ワーナー・ブラザース（シネセゾン＋アスミック）
＜共演＞
ティム・ロビンス、ジェニファー・ジェイソン・リー、
チャールズ・ダーニング
＜スタッフ＞
監督：ジョエル・コーエン（共同脚本も）
製作：イーサン・コーエン（共同脚本も）
脚本：サム・ライミ　撮影：ロジャー・ディーキンス
編集：トム・ノーブル　音楽：カーター・バーウェル

『ミラーズ・クロッシング』や『バートン・フィンク』などでアート系作家ながらメジャー・スタジオと良い距離感を保っていたコーエン兄弟が約4,000万ドルの大予算を得て製作したスクリューボール・コメディ。50年代のニューヨーク。社長が飛び降り自殺をした玩具の大企業ハッドサッカー社に郵便係として入社した純朴な青年ノーヴィル・バーンズ（ロビンス）。社長亡き後、会社の支配権獲得を企てる狡猾な役員シドニー・マックスバーガー（ニューマン）はバーンズを社長に担ぎ出して自社株を人暴落させて、会社乗っ取りを企てるが…。コーエン兄弟の盟友サム・ライミが共同脚本と第2班監督を務めた。ワーナー配給による全米興行収入はわずか300万ドルと映画史に残る大惨敗となった。木作製作の前年（93年）にオーガニック・ドレッシング会社「ニューマンズ・オウン」での純利益を恵まれない子供たちに全額寄付。それらの慈善功績に対しアカデミー賞（ジーン・ハーショルト友愛賞）がニューマンに贈られ、3度目のオスカー受賞となった。

フランス版モワイエン / パン・ヨーロピアン
FRANCE - Moyenne / 80 × 60 / Pan-Européenne 1994

ロビーカード（ドイツ版）

ノーバディーズ・フール

1994／アメリカ／110分／カラー／ヴィスタ／
パラマウント・ピクチャーズ（松竹富士＋ケイエスエス）
＜共演＞
ブルース・ウィリス、メラニー・グリフィス、ジェシカ・タンディ
＜スタッフ＞
監督：ロバート・ベントン（脚本も）
製作：スコット・ルーディン、アーリン・ドノヴァン
原作：リチャード・ルッソ「ノーバディーズ・フール」
撮影：ジョン・ベイリー　編集：ジョン・ブルーム
音楽：ハワード・ショア

ニューヨーク郊外で暮らす60才の土木作業員サリー（ニューマン）は頑固で意固地な性格のため、離婚した妻や実の息子と疎遠な日々を送っている。そんなサリーが経験する居候先の中学時代の恩師ベリル（タンディ）との交友、雇い主カール（ウィリス）とのいざこざやその美しい妻トビー（グリフィス）への淡い恋心、息子ピーターや孫ウィルとの絆などが渇いたタッチながら、深い愛情を込めて描かれた名作。後期キャリアの中でも代表作といえるニューマンのいぶし銀の存在感が忘れられない。ベルリン国際映画祭、全米＆ニューヨーク映画批評家協会賞で主演男優賞を受賞した。

宣伝用スチール（アメリカ版）

アメリカ版1シート / パラマウント
USA - 1 sheet / 102 × 69 / Paramount 1994

日本版半裁 / 松竹富士＆ケイエスエス
JAPAN – Hansai / 73 × 52 / Shochiku-Fuji & KSS 1995

スウェーデン版1シート / キャベラ・インターナショナル
SWEDEN - 1 sheet / 100 × 70 / Capella International 1995

トワイライト 葬られた過去

1998／アメリカ／94分／カラー／ヴィスタ／
パラマウント・ピクチャーズ（日本劇場未公開）
＜共演＞
スーザン・サランドン、ジーン・ハックマン、ストッカード・チャニング
＜スタッフ＞
監督：ロバート・ベントン（共同脚本も）
製作：スコット・ルーディン、アーリン・ドノヴァン
脚本：リチャード・ルッソ　撮影：ピュートル・ソボチンスキー
編集：キャロル・リトルトン　音楽：エルマー・バーンスタイン

元刑事で老練な私立探偵ハリー・ロス（ニューマン）はハリウッド映画のスターだったジャック（ハックマン）とキャサリン（サランドン）のエイムズ夫婦の豪邸に居候している。ジャックからの依頼で、20年前に起こったキャサリンの元夫失踪事件を調べることになったハリーは、ある手紙を届けに行った先で男の死体を発見し、殺人容疑者となってしまう。署に連行された彼は元同僚ヴァーナ（チャニング）に助けられながら調査を進めるうちに、旧友レイモンド（ジェームズ・ガーナー）が事件に深く関わっていることを突き止めるのだった…。70年代にニューマンとハックマンの本格的共演作が観たかったと思ってしまう一作。

アメリカ版1シート／パラマウント
USA - 1 sheet / 102×69 / Paramount 1998

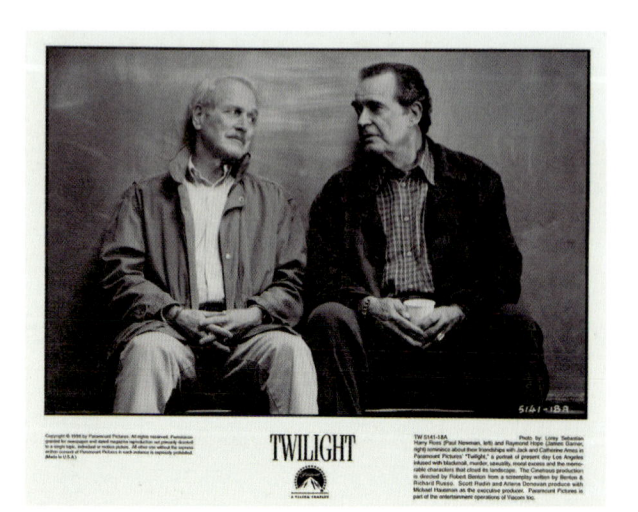

宣伝用スチール（アメリカ版）

メッセージ・イン・ア・ボトル

1999／アメリカ／131分／カラー／ヴィスタ／ワーナー・ブラザース（同）
＜共演＞
ケビン・コスナー（共同製作も）、ロビン・ライト、ジョン・サヴェージ
＜スタッフ＞
監督：ルイス・マンドーキ
製作：デニーズ・ディ・ノヴィ、ジム・ウィルソン
原作：ニコラス・スパークス　脚本：ジェラルド・ディペゴ
撮影：キャレブ・デシャネル　編集：スティーヴン・ワイズバーグ
音楽：ガブリエル・ヤレド

海岸をジョギング中、手紙が入った瓶を拾ったシングルマザーのテリーサ（ライト）はその手紙の書き手ギャレット（コスナー）と数奇な縁で知り合い、次第に恋に落ちるが…。『きみに読む物語』(05) や『親愛なるきみへ』(10) などの映画化作品でも知られるベストセラー恋愛小説家、スパークスの同名小説の映画化。ニューマンはギャレットの父ドッジに扮し、短い出演時間ながら深みのある表情と佇まいで作品のクオリティを1ランク上げる名脇役ぶりを発揮した。彼がデザインされた宣伝用ポスターは残念ながら存在しない。

ロビーカード（アメリカ版）
宣伝用スチール（アメリカ版）

日本版半裁／ワーナー
JAPAN – Hansai / 73×52 / WB 1999

2000／ドイツ・アメリカ・イギリス・カナダ／88分／カラー／ヴィスタ／USA
フィルムズ（ギャガ・コミュニケーションズ）
＜共演＞
リンダ・フォレンティーノ、ダーモット・マローニー、スーザン・バーンズ
＜スタッフ＞
監督：マレク・カニエフスカ
製作：リドリー・スコット
脚本：E・マックス・フライ、トッパー・リリエン、キャロル・カートライト
撮影：トーマス・バースティン
編集：ガース・クレーブン
音楽：マーク・アイシャム

オレゴン州の老人ホームに入所している元銀行強盗のヘンリー（ニューマン）は警察の手から逃れるため、ボケ老人のふりをしている。その嘘を看護師キャロル（フォレンティーノ）に見破られ、まんまと強盗業にカムバックするが、キャロルの夫ウェイン（マローニー）が警察に彼らの情報を売ったことから事態は二転三転するのだった。『アナザー・カントリー』（84）『レス・ザン・ゼロ』（87）で80年代青春映画の名手といわれたイギリス出身のカニエフスカ監督によるクライム・コメディ。原題の『Where the Money Is』は実在の銀行強盗ウィリー・サットンが語ったとされる格言から引用された。

ドル紙幣型試写会チケット
※00年4月12日開催のプレミア試写会用に制作された、遊び心のある入場券。

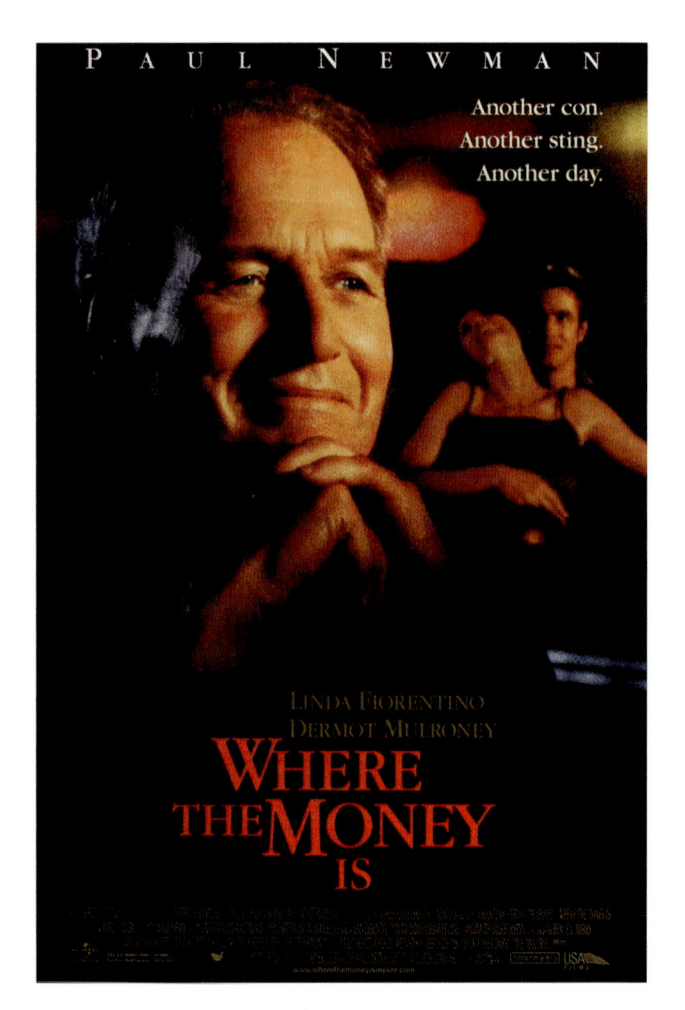

アメリカ版1シート / USAフィルムズ
USA - 1 sheet / 102×69 / U.S.A. Films 2000

宣伝用スチール（アメリカ版）

ロード・トゥ・パーディション

2002／アメリカ／119分／カラー／ヴィスタ／
ドリームワークス＋20世紀フォックス（20世紀フォックス）
＜共演＞
トム・ハンクス、ジュード・ロウ、ダニエル・クレイグ
＜スタッフ＞
監督：サム・メンデス（共同製作も）
製作：ディーン・ザナック、リチャード・D・ザナック
原作：マックス・アラン・コリンズ、リチャード・ピアース・レイナー
　　　「ロード・トゥ・パーディション」
脚本：デヴィッド・セルフ　撮影：コンラッド・L・ホール
編集：ジル・ビルコック　音楽：トーマス・ニューマン

大恐慌時代のアメリカ・イリノイ州を舞台に、マフィアの殺し屋マイケル・サリヴァン（ハンクス）が息子を連れて、組織の殺し屋から逃避行を繰り広げるクライム・ドラマ。ニューマンは組織の首領ジョン・ルーニーに扮し、実の息子よりもサリヴァンを寵愛してしまう己の矛盾する心境を静かに演じた。ルーニーの馬鹿息子コナー役のクレイグ、サリヴァンを追う殺し屋マグワイア役のロウなど豪華男性俳優陣の演技が見どころ。初監督作『アメリカン・ビューティー』(99)でアカデミー賞5部門を受賞し、一世を風靡していたメンデスの第2作目。原作となったグラフィック・ノベルの題名「地獄への道（直訳）」は原作者が執筆の際に影響を受けた小池一夫と小島剛夕の漫画「子連れ狼」の惹句「冥府魔道を行く父子」からきている。実写映画最後の出演作となった本作でニューマンはアカデミー賞とゴールデングローブ賞の助演男優賞部門に初めてノミネートされた。

日本版半裁 / フォックス
JAPAN – Hansai / 73×52 / Fox 2002

ロビーカード（アメリカ版）

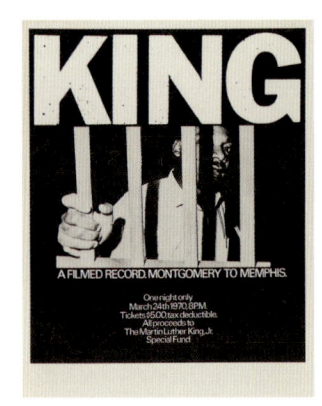

1　アメリカ版ウィンドウカード

2　アメリカ版1シート（R-2012）

3　アメリカ版宣伝用スチール
（マンキーウィッツ、ルメット、
ディーとともに）

4　アメリカ版1シート

5　アメリカ版1シート

6　メキシコ版ロビーカード

7　イタリア版ロカンディーナ

その他関連作品

　ニューマンは映画出演・監督でキャリアを築き上げ、スーパースターとしての地位を揺るぎないものにしながら、そこだけに留まらず積極的に芸術的アプローチの幅を広げていった。テレビ映画の監督、プロデュースや声優、ナレーター、ドキュメンタリーへの参加など多様な形で映像作品に参加している。本項では現存する宣材とともに、彼が関わったプロジェクトと軌跡を振り返りたい。

　1959年、アクターズ・スタジオの同窓生でのちに『殺しの分け前／ポイント・ブランク』(67) や『パットン大戦車軍団』(70) に出演する俳優マイケル・ストロングによるアントン・チェーホフを題材にした一人芝居に強い感銘を受けたニューマン。62年、ニューヨークのオルフェウム劇場とイディッシュ劇場にてストロングの演技を撮影・編集し、25分の短編監督作『煙草の害について（原題）』(On the Harmful Effects of Tobacco) として発表した。ストロング扮する一人の男イヴァンがタバコの有害性をひたすら説く風刺コメディで、アカデミー賞ノミネート資格獲得のためにニューヨークとロスアンゼルスで短期間上映された。このときの体験が68年の長編初監督作『レーチェル レーチェル』へと繋がっていく。

　70年に完成した『キング モンゴメリーからメンフィスまでの記録』(King: A Filmed Record… Montgomery to Memphis／監督：ジョセフ・L・マンキーウィッツ＆シドニー・ルメット) は、プロテスタントバプテスト派の牧師であったマーティン・ルーサー・キング・ジュニアについてのドキュメンタリー。55年12月、アラバマ州モンゴメリーで起こったローザ・パークス逮捕事件に端を発する人種差別への抗議運動バス・ボイコットに始まり、68年4月4日にメンフィスで彼が暗殺されるまでの記録映像に俳優たちのメッセージ映像をインサートして構成された3時間強の大作。監督は『イヴの総て』(50) などでハリウッド黄金時代の名監督となりながらも、同年の『復讐鬼』では黒人俳優の草分け的存在シドニー・ポワチエを主演に抜擢、人種差別問題に真っ向から挑んだラディカル派のマンキーヴィッツと、ニューマンとは数本のテレビド

ラマで仕事したのちに『評決』(82) でタッグを組むこととなる社会派監督ルメットが共同で手掛けた。公民権運動家でもある歌手のハリー・ベラフォンテをはじめ、ニューマン、ウッドワード、ルビー・ディー、バート・ランカスター、チャールトン・ヘストン、アンソニー・クイン、ジェームズ・アール・ジョーンズ、ベン・ギャザラらが登場し、ニューマンは「人権闘争は戦争と同様、人間を殺す危険性がある」と訴えた。70年3月24日20時から全米1,000館以上の映画館で1回のみ上映され、興行収入約500万ドルはキング牧師基金に全額寄付された。(※1〜3)

　71年にはウッドワード主演作『彼らは巨人かもしれない（原題）』(They Might Be Giants) をニューマン＝フォアマン・カンパニー作品として製作。ジョージ・C・スコット扮するシャーロック・ホームズ気取りの元判事ジャスティンと、ホームズの助手ワトソンと同じ姓を持つ精神科医ミルドレッド（ウッドワード）の奇妙な出会いと心の絆が描かれたオフ・ビートな作品。監督は『冬のライオン』(68) のアンソニー・ハーヴェイで、ユニヴァーサルによって公開された。(※4)

　同年、カーレーサーたちの姿を追ったドキュメンタリー『デッドヒート／マシンに賭ける男の詩』(原題：Once Upon a Wheel／監督：デヴィッド・ウィンターズ) ではホストとして案内役を務めた。ニューマンと親交が深いマリオ・アンドレッティ、ペドロ・ロドリゲスなどのプロレーサーの映像に加えて、『グラン・プリ』(66) 主演のジェームズ・ガーナーやカーク・ダグラス、グレン・フォードなどスピード好きのハリウッド・スターが登場。各国でニューマン主演のレース映画として宣伝されていたことがポスターから窺える。日本では日本ヘラルド映画配給で71年11月に劇場公開された。(※5〜8)

　78年にはプロデューサーとして、ウッドワード主演のテレビ映画を手掛けた。バツイチ＆二人の娘持ちの女性教師ベティ・クインがボストン・マラソンに出場する実話を基に書かれたジュリア・ソレルの原作を基に映像化した『マイ・ライフ』(原題：See How She Runs)。主演にはウ

8 日本版半裁

9 日本版チラシ

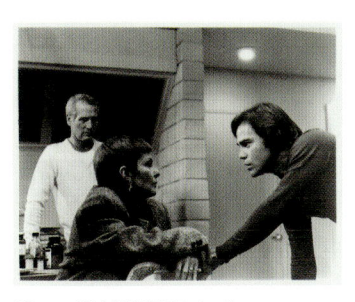

10 アメリカ版宣伝用スチール
（演出中のニューマン）

11 日本版半裁

12 日本版半裁

13 アメリカ版ミニシートA

14 アメリカ版ミニシートB

ッドワードと五女リシーを抜擢。監督には『未来世界』（76）や『アウトロー・ブルース』（77）などでジャンル問わず手堅い作品を放つ職人リチャード・T・ヘフロンを起用。日本では東宝東和配給で79年12月、女性版『ロッキー』のスポーツ感動路線を狙って日比谷スカラ座ほかで劇場公開された。（※9）

80年、次女スーザンからオファーを受けてテレビ映画「ザ・シャドー・ボックス（原題）」（The Shadow Box）に監督として参加。ある総合病院を舞台に、3人の疾病患者ジョー、ブライアン、フェリシティの闘病生活や家族との関係性を精神科医とのインタビュー方式を交えて描かれる24時間の物語。ピューリッツァー賞とトニー賞をダブル受賞した戯曲の映像化で、ガンに侵された同性愛者の患者ブライアンを演じたクリストファー・プラマーとその献身的な元妻ビバリーに扮したウッドワードの演技が高く評価された。80年9月にドーヴィル国際映画祭でプレミア上映されたのち、ABCテレビにて80年12月28日21時から放送された。エミー賞では作品、監督、脚本の3部門でノミネートを果たし、ゴールデングローブ賞ではテレビ映画部門の作品賞を受賞した。日本では「ポール・ニューマン 遠い追憶の日々」の題名でビデオグラム化されている。（※10）

同年、イタリアで制作されたモータースポーツやF1グランプリを扱ったドキュメンタリー『ポール・ポジション2』（原題：Pole Position 2／監督：マリオ・モッラ）では、79年ル・マン24時間レースでチーム2位を獲得したニューマンのアーカイヴ映像が登場した。日本では松竹＝富士映画配給で80年9月に劇場公開。（※11）

また83年には同じモッラ監督による、F1と二輪レース映像などをコラージュした『ウイニング・ラン』（原題：Turbo Time）に一瞬顔を出している。日本では日本ヘラルド映画配給で83年10月に劇場公開された。（※12）

97年に制作された『スーパースピードウェイ』は、時速360キロで疾駆するインディカーレース界でトップレーサーとして活躍したマリオとマイケル・アンドレッティ親子を中心に、カーレースの真髄を伝える

IMAX用ドキュメンタリー。長年レーシング・チームでコンビを組んだ盟友アンドレッティのためにニューマンはナレーションを務めている。

2003年にはブロードウェイ、ブースシアターでソーントン・ワイルダー作の舞台劇「わが町」を撮影してテレビ用プログラムとして発表。55年のNBCテレビ「プロデューサーズ・ショーケース」で放送された同作では主人公のジョージ・ビブズを演じたニューマンが、03年版では舞台監督役として出演した。

05年にはリチャード・ルッソ著のピューリッツァー賞受賞小説をミニドラマシリーズ（全2話）としてHBOがドラマ化した「追憶の街 エンパイア・フォールズ」（原題：Empire Falls）に出演（製作総指揮も兼任）。アメリカ北東部ニューインクランドの小さな街を舞台に、地元の階級格差に根付く生き方を強いられる人々の日常と家族愛を描いた。同年5月28、29日に連続放送され、エド・ハリス、フィリップ・シーモア・ホフマン、ヘレン・ハント、ロビン・ライト（・ペン）、ウッドワードなど豪華俳優陣との共演が話題となった。ハリス扮する主人公マイルスの父、狡猾で下品、そしてタフな老人マックス役を飄々と演じたニューマンはゴールデングローブ賞で自身初となる助演男優部門での受賞を果たし、彼が出演した最後の実写作品となった。（※13＆14）

06年にはピクサーのジョン・ラセター監督からの熱烈なオファーに応える形で、アニメーション映画『カーズ』に主要キャラクター、ドック・ハドソン役で声の出演を果たした。08年にはアフリカ、カラハリ砂漠に生きるミーアキャットの生態を追ったBBCフィルムのドキュメンタリー『ミーアキャット』でナレーションを担当し、ニューマン最後の劇場用映画となった。死去後の15年にはプロレーサーとしてのニューマンを捉えたドキュメンタリー『ウイニング：ザ・レーシング・ライフ・オブ・ポール・ニューマン（原題）』（Winning: The Racing Life of Paul Newman／監督：アダム・キャロラ＆ネイト・アダムス）が制作されている。ニューマンのアーカイヴ映像を中心に、名レーサーやロバート・レッドフォードらのインタビューを交え、ニューマンの実像に迫った。

『長く熱い夜』の共演者ウッドワードと

『明日に向って撃て！』の共演者レッドフォードと

共演者たちとの
サイン入りスチール

ファンからサインを求められるのが大の苦手と常々発言していたニューマンだが、共演者とのスチールに書かれたサインの筆跡からは、彼の人柄が垣間見える。『長く熱い夜』の共演者、そして妻でもあるジョアン・ウッドワードとは同じペンを使用し、サイズも対等に書かれている。『明日に向って撃て！』のロバート・レッドフォードと『ハスラー2』のトム・クルーズとそれぞれ写ったスチールでは、彼らの太く力強い筆跡に対し、ベテラン俳優の余裕を感じさせる細い筆跡で「Best Wishes」が添えられた。

『ハスラー2』の共演者クルーズと

ポスターアーティスト紹介

本書掲載の傑作ポスターに携わった
世界各国のアーティストを15名選出。
各人の代表的アートワークとともにご紹介します。

アルナルド・プッツ　*Arnaldo Putzu*

P132

1927年、イタリアのローマ生まれ。ローマ・アカデミーで学んだ後、ミラノでイラストレーションの仕事を始める。48年にポスターアーティストのエンリコ・デ・セタと出会い、イタリア映画ポスター業界でのキャリアをスタートさせた。『カビリアの夜』（57）がこの時代の代表作といわれる。当時、自社のポスターアートワークに率先してイタリア人アーティストを起用していたイギリス映画の制作・配給会社ランク社にスカウトされ、イギリスに移住したプッツは60年代以降、数々の傑作ポスターを世に放つ。なかでもスティーヴ・マックイーン主演作『華麗なる賭け』（68）とマイケル・ケイン主演作『狙撃者』（71）は彼の最高傑作といわれている。『サンダーボルト』（74）ではアメリカ版1シート：スタイルDを担当し、『ワイルド・ギース』（78）では世界共通となるアートワークを制作した。2012年死去。

『狙撃者』イギリス版クワッド /
MGM＋EMI（配給会社名）

ビル・ゴールド　*Bill Gold*

P19、26、78、93〜96、131、143、144、155、156

1921年、アメリカのニューヨーク州生まれ。42年のミュージカル映画『ヤンキー・ドゥードゥル・ダンディ』からワーナー作品のアート・ディレクションを担当。『カサブランカ』（42）『三つ数えろ』（46）『欲望という名の電車』（51）『ダイヤルMを廻せ！』（54）『エデンの東』（55）『捜索者』（56）など、ワーナー名作群のポスターを手掛け、62年には自身のデザイン会社を設立。『マイ・フェア・レディ』（64）『キャメロット』『俺たちに明日はない』『暴力脱獄』（いずれも67）『バーバレラ』『ブリット』（ともに68）『ワイルドバンチ』（69）『時計じかけのオレンジ』（71）『エクソシスト』（73）など大手スタジオ作品を中心に数多くのアート・ディレクションを担当。なかでも『ダーティハリー』（71）から、最後の仕事となった『J・エドガー』（2011）までのクリント・イーストウッドとの長年のコラボレーションによって、ポスター史にその名を刻んだ。2018年死去。

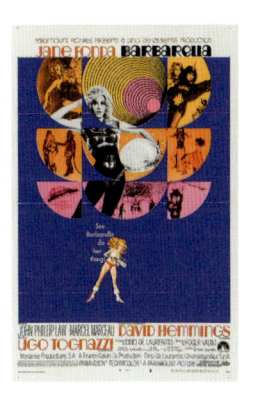

『バーバレラ』
アメリカ版1シート / パラマウント

ブルーノ・レハク　*Bruno Rehak*

P29、51、103

1910年、チェコスロヴァキアのプラハ生まれ。画家でもあるレハクは、35年にプラハの美術アカデミーを卒業後、映画ポスター制作を始めた。50〜60年代が創作最盛期で『グレン・ミラー物語』（54）『夜の豹』（57）『グレート・レース』（65）『俺たちに明日はない』（67）『猿の惑星』（68）などのハリウッド製スタジオ作品から、『ポーギーとベス』（59）『地下鉄のザジ』（60）『水の中のナイフ』（62）『気狂いピエロ』『黄金の七人』（ともに65）など非ハリウッドやヨーロッパ作品まで印象深いアートワークを数多く創出し、ドイツ映画ポスター史に欠かせない名匠の一人となった。77年死去。

『地下鉄のザジ』
西ドイツ版1シート / パラス

デビッド・ウィラードソン　David Willardson

P160、161

1940年、アメリカのカリフォルニア州生まれ。アート・センター・カレッジ・オブ・デザインを卒業後、70年代にエア・ブラシを駆使したポップ・アートで頭角を現し、リッチー・ブラックモアズ・レインボーの「銀嶺の覇者」（75）やリトル・リチャードの「The Second Coming」（72）などアルバムカバーや「ローリングストーン」誌の表紙イラストなどで活躍。映画関連では『アメリカン・グラフィティ』（73）で担当したサントラ用アートワークが好評を博し、西ドイツとフランスでは映画ポスターとして採用された。『レイダース／失われたアーク《聖櫃》』（81）では作品ロゴを手掛けている。ウィラードソンによるグーフィーの広告用イラストに惹かれたウォルト・ディズニー社アニメーション部門代表のジェフリー・カッツェンバーグから依頼され、『バンビ』再公開時ポスターを皮切りに80年代後半から17年間にわたりディズニーアニメの映画ポスターを担当。『シンデレラ』『白雪姫』『リトル・マーメイド』『アラジン』『ライオン・キング』などの人気作品をカラフルかつダイナミックに描写した。

『アメリカン・グラフィティ』
西ドイツ版1シート / CIC

エンツォ（ロレンツォ）・ニストリ　Enzo Nistri

P55、68

1923年、イタリアのローマ生まれ。見事な色彩のグラデーションと緻密な人物の書き込みでハリウッド作品からイタリア映画まで多彩な作品を手掛ける。『めまい』（58）『北北西に進路を取れ』（59）『ティファニーで朝食を』『片目のジャック』（ともに61）『007は殺しの番号』『ハタリ！』『戦艦バウンティ』（いずれも62）『召使』（63）『マイ・フェア・レディ』（64）『サウンド・オブ・ミュージック』（65）『砲艦サンパブロ』（67）『猿の惑星』（68）などで、その腕を振るった。『異邦人』（67）『地獄に堕ちた勇者ども』（69）『ルートヴィヒ』（72）『家族の肖像』（74）におけるルキノ・ヴィスコンティとのコラボレーションは後年期の代表作といえる。兄ジュリアーノも新聞社の風刺イラストレーターとして活動後、ポスターアーティストに転身。兄弟揃って高名になったため、彼らの作品はたびたび混同される。2008年死去。

『ティファニーで朝食を』
イタリア版2シート /
パラマウント

エルコーレ・ブリーニ　Ercole Brini

P21、50、61、81、97

1913年、イタリアのローマ生まれ。イタリアン・ネオリアリズモの名作『自転車泥棒』（48）『ミラノの奇蹟』『ベリッシマ』（ともに51）のイラストを手掛け、イタリア映画ポスター界が誇る巨匠として、以後も名作を次々に創出した。『哀愁』（40）のヴィヴィアン・リー、『ストロンボリ』（50）のイングリッド・バーグマン、『サンセット大通り』（50）のグロリア・スワンソン、『黄金の馬車』（53）のアンナ・マニャーニ、『白鳥』（56）のグレース・ケリー、『尼僧物語』（59）や『ティファニーで朝食を』（61）のオードリー・ヘプバーンなど大女優たちの表情の潤いに秘められた悲喜を優雅な水彩タッチで描いたイラストは一目で彼のデザインと分かるほど、個性と芸術性に溢れている。89年死去。

『ストロンボリ』イタリア版4シート / RKOラジオ映画

ハンス・ブラウン　Hans Braun

P7、69、73

1925年、ドイツのヴァイマル生まれ。美術と絵画を学んだ後、53年西ドイツに移住し、ポスター画家としての活動を開始した。『アラビアのロレンス』『ロリータ』『戦士の休息』（いずれも62）『マーニー』（64）『欲望』（66）などが代表的作品。一方でアクション映画における力強い線と配色で表現する男性的タッチを最も得意とし、リー・マーヴィン主演『殺人者たち』（64）『殺しの分け前／ポイント・ブランク』（67）や、クリント・イーストウッド主演作『マンハッタン無宿』（68）『真昼の死闘』（70）『白い肌の異常な夜』『恐怖のメロディ』（ともに71）などで独自路線を突き進んだ。映画業界がイラストポスターの採用を控えるようになった70年代以降は再び絵画制作に戻り、約20年間にわたり美術教育者として後進の育成に尽力した。2011年死去。

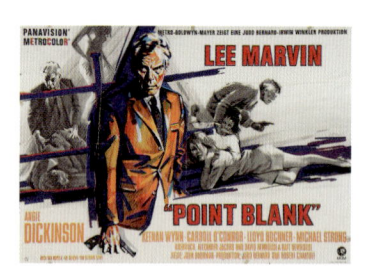

『殺しの分け前／ポイント・ブランク』
西ドイツ版2シート / MGM

ジャン・マッシ　Jean Mascii

P49、97、157

1926年、イタリアのミランドラ生まれ。イラストレーターとして活動を開始した50年代からフランスを代表するアーティストとして1,500枚以上の映画ポスターを制作した。なかでも『太陽がいっぱい』（60）での舵を取るアラン・ドロンの迫力あるイラストは有名。『賭博師ボブ』（56）『カビリアの夜』（57）『隠し砦の三悪人』（58）『顔のない眼』（59）『ローラ』（61）『アルファヴィル』（65）『尼僧物語』（59）『007／ゴールドフィンガー』『サーカスの世界』（ともに64）『夕陽のガンマン』（65）『続・夕陽のガンマン』（66）『砲艦サンパブロ』（67）『猿の惑星』（68）『シノーラ』（72）『フィッツカラルド』（82）など幅広いジャンルで才人ぶりを発揮した。2003年死去。

『太陽がいっぱい』
フランス版グランデ / CCFC

マカリオ・ゴメス・キブス（マック）
Macario Gomez Quibus (Mac)　　P118、121、124、127、133、165

1926年、スペインのカタルーニャ生まれ。美術学校等で絵画を学んだ後、バルセロナ近代美術館でマリアノ・フォルトゥーニの絵画に出会い衝撃を受ける。広告デザイン会社在籍中、MGMスペイン支社にその腕を認められ、映画ポスターデザインに携わる。55年頃からポスターに頭文字「Mac」のサインを入れる。『十戒』のアートワークを気に入ったチャールトン・ヘストンは、マック本人から贈られたモーゼの肖像画を何年も自身のオフィスに飾っていたという逸話も残っている。ほかにマーロン・ブランド、ソフィア・ローレン、ジョージ・ルーカス、サルバトール・ダリなどがマカリオのイラストを愛した。生涯で4,000以上ものアートワークを創出。主な作品に『ミイラの幽霊』『お熱いのがお好き』（ともに59）『サイコ』（60）『荒馬と女』（61）『007は殺しの番号』（62）『夕陽のガンマン』（65）などが挙げられる。2018年死去。

『夕陽のガンマン』
スペイン版1シート /
アルトゥーロ・ゴンザレス・シネマトグラフィア

レナート・カザロ　*Renato Casaro*

P9、173

1935年、イタリアのトレヴィソ生まれ。ポスターデザイン会社 Studio Favalli で18才からキャリアをスタートさせ、21才で自身のスタジオを設立。ディノ・デ・ラウレンティス製作の超大作『天地創造』(66) で高く評価されたのち、同じくデ・ラウレンティス製作『フラッシュ・ゴードン』(80)『コナン・ザ・グレート』(82)『砂の惑星』(84) などを担当した。ダイナミックさと緻密なタッチが融合した魔術的イラストを得意とし、『夕陽のガンマン』『続・夕陽のガンマン』(ともに70年代再公開版)、『ミスター・ノーボディ』(73)

『ランボー』『シャドー』(ともに82)『ネバーエンディング・ストーリー』(84)『ニキータ』(90)『キャプテン・スーパーマーケット』(93) など多彩なジャンルで活躍、イタリア映画ポスター界の伝説的存在となった。2019年、すでに引退していたカザロをクエンティン・タランティーノが説得し、『ワンス・アポン・ア・タイム・イン・ハリウッド』の劇中に登場するリック・ダルトン出演作のフェイク・ポスターのアートワークを手掛け、健在ぶりをアピールした。

『コナン・ザ・グレート』西ドイツ版1シート / コンスタンティン

リチャード・アムセル　*Richard Amsel*

P130、131、144

1947年、アメリカのフィラデルフィア生まれ。同地のカレッジ・オブ・アートを卒業後、イラストレーターとして活動を開始。アルバムカバーや雑誌の表紙などで評価を得ながら、22才のときフォックスから受注した『ハロー・ドーリー』(69) を皮切りに、映画ポスターの分野に進出。『チャイナタウン』(74) ではジム・ピアサルによるイラストがアメリカ版で採用された

が、西ドイツではアムセル版を採用し、ともに70年代を代表する名作アートワークと評される。ハリウッドの大手スタジオが従来のイラストのアートワークから俳優のスチールをコラージュしたポスターに移行した80年代も『フラッシュ・ゴードン』(80)『レイダース／失われたアーク《聖櫃》』(81)『ダーク・クリスタル』(82)『マッドマックス／サンダードーム』(85) などSF・ファンタジー系を中心に傑作を残した。85年、エイズにより37才の若さで亡くなったのが悔やまれる。

『チャイナタウン』西ドイツ版1シート / CIC

ロジェ・スービー　*Roger Soubie*

P62、67

1898年、フランスのノール県カンブレー生まれ。鉄道運送、自動車、観光などのイラストを描いてキャリアをスタート。1920年代から、フランス各地の旅行関連ポスターで才能を発揮した。映画ポスターでは『風と共に去りぬ』(39)『汚名』(46)『探偵物語』(51)『必死の逃亡者』(55)『禁断の惑星』(56)『魅惑の巴里』(58)『北北西に進路を取れ』(59)『アラモ』『ハタリ！』(ともに60)『ロリータ』(62)『ラスベガス万才』『地下室のメロディー』(ともに63)『危険がいっぱい』(64) などで、フランス版ポスターアーティストの大御所として一時代を築いた。84年死去。

『探偵物語』
フランス版グランデ /
パラマウント

ソール・バス　*Saul Bass*

P32、33

1920年、アメリカのニューヨーク州生まれ。40年代にハリウッドの映画宣材デザイナーとなる。ジョセフ・L・マンキーウィッツ監督作『復讐鬼』(50) のアメリカ版インサートでポスターデザインをスタート。オットー・プレミンジャー監督作『黄金の腕』(55)『悲しみよこんにちは』(58)『或る殺人』

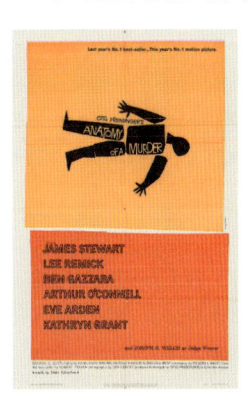

(59) などの傑作ポスターを世に放つ。また『カルメン』(54) から始めたタイトル・シークエンス制作でも『八十日間世界一周』(56)『大いなる西部』(58)『オーシャンと十一人の仲間』(60)『スパルタカス』(60)『ウエスト・サイド物語』(61)『グラン・プリ』(66) などの名作を残し、マーティン・スコセッシの『カジノ』(95) が遺作となった。アルフレッド・ヒッチコック作品では『めまい』(58) のポスター、『北北西に進路を取れ』(59)『サイコ』(60) のタイトル・シークエンスを担当。日本とも関係が深く、ミノルタ、味の素、紀文食品などの企業ロゴや鳩がデザインされた京王百貨店の包装紙などを手掛けたほか、『敦煌』(88) ではタイトル・シークエンスとポスターデザインを担当した。96年死去。

『或る殺人』
アメリカ版1シート /
コロンビア

トム・ウィリアム・シャントレル

Tom William Chantrell　P14、15、138、139

1916年、イギリスのマンチェスター生まれ。34年にロンドンに移住し、印刷会社やデザイン会社勤務を経て38年に最初の映画ポスターをデザインした。兵役終了後は『エデンの東』(55)『バス停留所』(56)『眼下の敵』(57) などアメリカ映画のイギリス版イラストを担当し、60〜70年代には『クレオパトラ』(63)『バットマン』『ミクロの決死圏』『恐竜100万年』(いずれも66)『俺たちに明日はない』(67)『ブリット』『シャラコ』『帰って来たドラキュラ』(いずれも68)『パット

ン大戦車団』『チザム』(ともに70)『バニシング・ポイント』(71)『北国の帝王』(73)『恐竜の島』(75) などの傑作を連打した。77年の『スター・ウォーズ』で描いたイラストはイギリスのみならずアメリカ版1シート：スタイルCとしても正式採用され、彼の名を一躍世界に轟かせた。2001年死去。

『恐竜100万年』
イギリス版クワッド / ワーナー＋パテ

トム・ユング　*Tom Jung*

P153

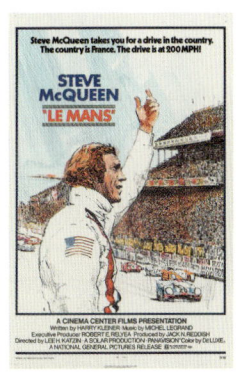

1942年、アメリカのマサチューセッツ生まれ。ボストン美術館学校でアートを学んだのち58年に広告会社に入社し、本格的な映画デザインをスタートさせた。『ドクトル・ジバゴ』(65)『グラン・プリ』(66) などのコンセプト・アート制作で実績を積み、71年には『栄光のル・マン』のアートワークでマックイーンのアイコニックなイラストを世界的に展開した。以後も『パピヨン』(73)『オーメン』(76)『スター・ウォーズ』『指輪物語』『ディア・ハンター』(いずれも77)『スター・ウォーズ／帝国の逆襲』(80)『ライト・スタッフ』(83)『ワンス・アポン・ア・タイム・イン・アメリカ』(84) など70〜80年代に多数の傑作を残した。

『栄光のル・マン』
アメリカ版1シート / NGP

さいごに

世界を二分したカリスマ、ニューマンとマックイーン。

本企画をスタートさせたのが2020年。スティーヴ・マックイーンのポスター集を刊行させて頂いた後でした。宿命のライバルといわれたポール・ニューマンの俳優人生もポスターとともにご紹介したいと考えることは、私にとって自然な流れでした。彼の生誕100周年を目前にした今年、本書に関われたことを大変光栄に思います。二人の大きな違いは50才にしてこの世を去り、早々と伝説になったマックイーンに対し、ニューマンは83年間の人生において、晩年まで俳優活動を全うしたという年月の差です。

すでにレーシング場でのキャリアがあったマックイーンが完成までの紆余曲折を経て完成、ストイックな姿勢を貫いた孤高の一作『栄光のル・マン』(71)と、ニューマンがユニヴァーサルのために娯楽作として製作・出演し、妻ジョアン・ウッドワードと恋のさや当てなど通俗的ストーリー展開に傾いた『レーサー』(69)。ともにカーレースにスポットを当てたアクション映画ですが、多くの方がマックイーンを支持すると思います。しかしニューマンは『レーサー』出演以降、30年間以上にわたりプロレーサーとして実人生を歩むという離れ業を成し遂げました。

最初に『タワーリング・インフェルノ』を観たとき、私が感じたことは恐らく大部分の映画ファンの方々と意見が一致すると思います。映画冒頭で仕事を取るか、自分を取るかの選択を恋人フェイ・ダナウェイからベッドで迫られ、火災発生後は周辺救助にあたるのが精一杯のビル設計者ニューマンに対し、火災発生後に颯爽とスクリーンに登場し、部下の消防士たちを熱く鼓舞しながら、現場すべてを取り仕切る消防隊長マックイーン。クライマックスではお互い協力のもと事態を収束させますが、ラストシーンでの去り方まで、マックイーンの方がカッコいいのは明白でした。のちに知ったことでしたが『明日に向って撃て!』の企画初期段階、自分より先のビリングを希望した共演候補者のマックイーンを却下し、ロバート・レッドフォードを相手役に抜擢したニューマンは、『タワーリング・インフェルノ』ではマックイーンに主役の座を譲りました。ビリングの取り扱い方について、二人のエージェントとプロデューサー(アーウィン・アレン)との間で繰り広げられたせめぎ合いの結果はポスターデザイン時に判明します(P151参照)。

スクリーンに登場するや否やその場の空気を自分のモノにし、共演者を喰ってしまうマックイーン。一方、共演者と調和を取りながら、相手に良きシーンを譲る余裕がニューマンからは感じられ、その点こそが俳優ニューマンの魅力だと本書編集中、改めて気づきました。約半世紀にわたり、スターであり続けたニューマンのフィルモグラフィは50本以上に上ります。名作・傑作、ときには失敗作にも出演する一方、自身のネームバリューでスタジオやプロデューサーを説得し、リスキーな題材や作品にも臆することなく挑戦し続けました。一般的に彼の代表的作品を挙げると『傷だらけの栄光』(56)『左きゝの拳銃』(58)『ハスラー』(61)『ハッド』(63)『動く標的』(66)『暴力脱獄』(67)『明日に向って撃て!』(69)『スティング』(73)『評決』(82)『ハスラー2』(86)あたりでしょうか。個人的には『熱いトタン屋根の猫』(58)『太陽の中の対決』(67)『ロイ・ビーン』(72)『ブレイズ』(89)『ノーバディーズ・フール』(94)を加えてベスト15にしたいと思います。コンプレックスの塊だった若き時分や波乱万丈の私生活、有名人として生活することの困難さ、慈善活動の数々…。一度きりの人生で何百人分もの仕事を成し遂げたかのようなニューマンが歩んだ映画界でのキャリアは彼の人生の一部分ですが、その仕事を通して世界中の人々に夢を見させ、日常の苦しさを忘れさせ、そして人生の目標も照らし続けました。

「映画の顔」であると同時に「失われし芸術(アート)」である映画ポスターは、その輝きに魅了されたコレクターたちによって世界各国で収集・保管されています。総合芸術でありながら、一方では巨大なエンタテインメント・ビジネスでもある映画。国ごとに社会性の違いを反映し、プロデューサーや配給会社宣伝部の戦略、デザイナーが持つ個性的なクリエイティビティとの折衷・化学反応を経て、ようやく印刷され、世に出たポスターからは一種の気品さえ感じられます。それらを「記憶」のみに留まらず、「記録」に残すことは映画本編の保存とともに重要な意義を持つと私は考えます。映画ポスターを「映画遺産」として現代、そして未来に継承していく「シネマサクセション」活動を継続し、今後も映画ポスターの魅力を皆様とシェアさせて頂きたいと心から願っております。

井上由一

編者紹介

井上由一（いのうえ・よしかず）

大学時代から映画業界に入り、映画配給会社や広告代理店勤務を経て、現在も外国映画の配給事業に携わる。業務の傍ら、映画ポスター・コレクターとしても活動。日本版に限らず、諸外国のオリジナル版も収集するため、アメリカ・ヨーロッパを中心に各国ディーラー、コレクターとのネットワークを構築。映画宣伝における"顔"ともいえるポスターの魅力を様々なメディアで紹介している。『オードリー・ヘプバーン 映画ポスター・コレクション』『スティーブ・マックイーン ヴィンテージ映画ポスター・コレクション』『ロック映画ポスター ヴィンテージ・コレクション』『アメリカン・ニューシネマ 70年代傑作ポスター・コレクション』『スタンリー・キューブリック 映画ポスター・アーカイヴ』『ヌーヴェル・ヴァーグの作家たち オリジナル映画ポスター・コレクション』『アンドレイ・タルコフスキー オリジナル映画ポスターの世界』『ゴッドファーザー 映画ポスター エッセンシャル・コレクション』をDU BOOKSより刊行。

ポール・ニューマン
オリジナル映画ポスター・コレクション
ポスター・アートで見る〈反骨のヒーロー〉の肖像

初版発行　2024年10月17日

編　集　　井上由一

　　デザイン　小野英作
　　ポスター撮影　藤島 亮
　　　制　作　飯島弘規 + 稲葉将樹（DU BOOKS）

発行者　広畑雅彦
発行元　DU BOOKS
発売元　株式会社 ディスクユニオン
　　　　東京都千代田区九段南 3-9-14
　　　　編集　tel. 03-3511-9970 ／ fax. 03-3511-9938
　　　　営業　tel. 03-3511-2722 ／ fax. 03-3511-9941
　　　　https://diskunion.net/dubooks/

印刷・製本　シナノ印刷

ポスター提供
　　Yoshikazu Inoue & PN Poster Collection

協力　（順不同・敬称略）
　　Reel Art Press
　　Jon Schwartz
　　Alexandre Boyer
　　檜垣紀六
　　加藤剛

参考文献
　　Art of the Modern Movie Poster（Chronicle Books 刊）
　　Bill Gold: PosterWorks（Reel Art Press 刊）
　　映画広告図案士 檜垣紀六 洋画デザインの軌跡：
　　　題字・ポスター・チラシ・新聞広告 集成（スティングレイ刊）
　　スティーブ・マックイーン
　　　ヴィンテージ映画ポスター・コレクション（DU BOOKS 刊）

本書の感想をメールにて
お聞かせください。

dubooks@diskunion.co.jp

DU BOOKS

ゴッドファーザー 映画ポスター エッセンシャル・コレクション
コッポラ、ブランド、パチーノ、デ・ニーロらの軌跡
井上由一 編

第一作の製作から50周年を迎えた『ゴッドファーザー』が生んだ衝撃と、映画史への功績を約400枚のアートワークから俯瞰する、映画ファン必携のビジュアル・ブック。三部作のポスターを集めた前半パート。そして、コッポラ監督作品、伝説的キャストが出演した代表作のポスターを厳選掲載する後半パートで構成。
完全限定生産1,000部。

本体3500円+税　A4　256ページ（オールカラー）

アンドレイ・タルコフスキー オリジナル映画ポスターの世界
ポスター・アートでめぐる"映像の詩人"の宇宙
井上由一 編

生誕90周年 &『惑星ソラリス』製作50周年記念出版！
巨匠タルコフスキーの抒情的・夢幻的な世界をポスター・デザインから紐解く、日本オリジナル企画！　全監督作品に加え、脚本参加作品やドキュメンタリー、映画祭のポスターまで、幅広く網羅。公開時の宣伝用スチール、プレスブックなど貴重な資料も収録。
完全限定生産1,000部。

本体3500円+税　A4　192ページ

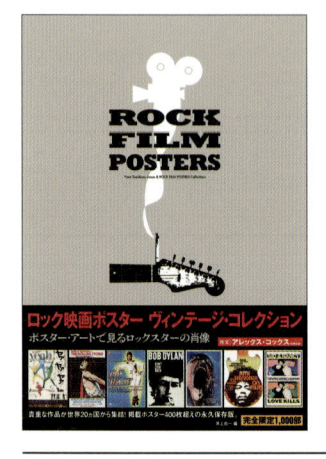

ロック映画ポスター ヴィンテージ・コレクション
ポスター・アートで見るロックスターの肖像
井上由一 編　アレックス・コックス 序文

あのアレックス・コックス（『シド・アンド・ナンシー』監督）が序文寄稿!!
ロックを映画は、どう表現してきたのか？　"MUSIC makes MOVIES"をキーワードに、ポスター・アートワークの傑作群を俯瞰できる1冊。貴重なコレクションが世界20か国から一堂に集結！　掲載数400枚超えの永久保存版ビジュアル・ブック。
完全限定生産1,000部。

本体3500円+税　A4　224ページ（オールカラー）

鈴木敏夫×押井守 対談集 されどわれらが日々
鈴木敏夫+押井守 著

『君たちはどう生きるか』（第96回米アカデミー賞 長編アニメーション映画賞受賞）を"宣伝なき宣伝"で大ヒットさせた、スタジオジブリのカリスマプロデューサー鈴木敏夫と、世界的に評価される作品を作り続けてきた映画監督押井守による初の対談集。
君は、そこまで言うのか!?　忖度いっさいなし。"悪友"同士が語りつくす、40余年の愛憎。仕事観、人生観、旅、思い出……アニメと映画の未来まで。

本体2800円+税　A5　392ページ　好評3刷！